AF632102

Marta Cerdà (Barcelona, 1980) es diseñadora gráfica y trabaja en proyectos que van de la dirección de arte a la ilustración y la tipografía. Es miembro de AGI (Alliance Graphique Internationale) y ha sido premiada, entre otros, por el Art Directors Club, el Type Directors Club y la revista *Gràffica*. En 2022 reunió sus proyectos más destacados en el libro *Type to Image*.

Sobrevivir al diseño
Contexto, memoria y tiempo

¿En qué consiste el trabajo del diseñador en la época del advenimiento de la IA y del acceso generalizado a herramientas cada vez más sofisticadas para tratar textos e imágenes? Una de nuestras creadoras más internacionales reflexiona, con ejemplos de una gran plasticidad e ideas siempre iluminadoras, sobre las claves de su disciplina. *Sobrevivir al diseño* está escrito con espíritu lúdico, pero también con la voluntad de mostrar por qué el diseño es aún fundamental para la vida en comunidad. Un libro que reivindica la vertiente artesanal de los oficios creativos, asociada a un tiempo lento cada vez más escaso.

Sobrevivir al diseño

Marta Cerdà

Sobrevivir al diseño

Contexto, memoria y tiempo

Traducción
María Alonso Seisdedos

editorial anagrama

Título de la edición original:
Sobreviure al disseny
Anagrama
Barcelona, 2025

La traducción de esta obra ha recibido una ayuda del Ministerio de Cultura de España, a través de la Dirección General del Libro, del Cómic y de la Lectura

MINISTERIO DE CULTURA
DIRECCIÓN GENERAL DEL LIBRO, DEL CÓMIC Y DE LA LECTURA

Lectura infinita
#pactoporlalectura

Primera edición: abril 2025
Segunda edición: noviembre 2025

Diseño de la colección: Compañía (lookatcia.com)

© De la traducción, María Alonso Seisdedos, 2025

© Marta Cerdà Alimbau, 2025

© EDITORIAL ANAGRAMA, S. A. U., 2025
Pau Claris, 172
08037 Barcelona

ISBN: 978-84-339-2953-2
Depósito legal: B. 3285-2025

Printed in Spain

Liberdúplex, S. L. U., ctra. BV 2249, km 7,4 - Polígono Torrentfondo
08791 Sant Llorenç d'Hortons

Cuando el ser humano deja de crear, deja de vivir.

LEWIS MUMFORD

1. El oficio

Lo más probable es que se hayan deshecho en unas pocas décadas. Pero no puedo dejar de imaginarme catálogos de supermercado medio desintegrados y descoloridos, ya restaurados, en la vitrina de un museo arqueológico dentro de dos mil años. Estos instrumentos tienen un lenguaje visual propio, son geniales –¡sí!– y están repletos de detalles. Lo supe por casualidad. Un amigo me trajo uno del Japón y es curiosísimo ver cómo la belleza florece inconsciente y con alegría cuando no se entiende nada de nada. Ni de los productos ni de lo que se dice. Nada. Las formas extrañas se revelan al ojo, como se revela al oído un idioma que no comprendes. Tal vez expongan los rótulos del señor Francisco Epelde (antiguo dependiente y espléndido rotulista accidental autodidacta de las ofertas del colmado Lafuente de la calle Ferran de Barcelona), o quizá habrá un catálogo de Ikea de 1997 o el último folleto del súper de turno que acaban de embutirte en el buzón. O quizá expondrán esas fotocopias que la gente pega con celo a las farolas y que tienen unas pequeñas tiras para llevarse el número de teléfono del anunciante sin necesidad de apuntarlo en ninguna parte. Este diseño, tan tremendamente ordinario como ingenioso y anónimo, se funde silenciosamente entre el rebaño humano. Y es magnífico. Qué cosa tan básica. Tan simple y tan fácil de hacer. Y es que no hace falta un gran despliegue estilístico para impresionar al mundo. Hay cosas que son de una simplicidad tan imponente que no necesitan de artificios.

Los diseñadores somos los continuadores de un camino que iniciaron los artistas, artesanos y calígrafos de la antigüedad, al dar forma a las imágenes, los objetos y la escritura. Y dentro de dos mil años, si todavía no nos lo hemos cargado todo, quizá nos tengan a artistas, artesanos, calígrafos y diseñadores, juntos y revueltos, en ese mismo museo imaginario. Y a saber qué dirán.

Para dedicarse al diseño tampoco hace falta tener una gran militancia vocacional. Se puede hacer a medias, sin ganas ni entusiasmo. Forzado por las circunstancias. De hecho, en este mundo hay tantos tipos de diseño como de diseñadores y de productos. Incluso los más apasionados transitamos por la astenia profesional de vez en cuando. También por el desencanto y la victimización. Sin embargo, apreciar el diseño pide atención hacia todas sus formas, sean más o menos populares, más o menos elitistas, se hayan hecho con más o menos gracia o vocación.

En este libro hablaré del diseño como un oficio: no en oposición a su profesionalización, sino como una forma de artesanía 2.0. Y como una forma de arte. Pero considerar el diseño como un oficio tiene sus inconvenientes. Y no son menores. El primero y más importante es el tiempo. El tiempo del oficio es un tiempo desafiantemente lento que hay que ir royendo con paciencia –nunca con calma–. Es un tiempo de turbulencias, de ensayo-error. De lucha. Sin una tabla de mandamientos a la que agarrarte, te quedas al amparo de la intuición y de una experiencia que no dibuja fórmulas seguras. No hablo de una anarquía absoluta.

Aprendemos interiorizando las normas que rigen este mundo visual nuestro. Y eso ha sido gracias a diseñadores, artistas, psicólogos, matemáticos, escritores y científicos que generosamente han compartido su experiencia a través de teorías del color, de la composición, de la comunicación, de la percepción, del pensamiento, etcétera. Dónde estaríamos sin la Gestalt y sus leyes sobre la percepción, sin Goethe y su teoría del color o sin Euclides y su inmortal proporción áurea. No obstante, también diseñamos a partir de nuestra mirada, ligada a nuestra experiencia. Por eso, el contexto atraviesa el diseño por las entrañas. Y también por eso se introdujo la práctica en el aprendizaje académico ya en la propia Bauhaus –la primera escuela de diseño– a principios del siglo XX.

Y, con el tiempo como elemento vertebrador, el diseño pone más a prueba la actitud que las habilidades. Aprendemos, sobre todo, trabajando. Equivocándonos. Observándonos las heridas. Y es preciso saber asumir las derrotas. Porque el batacazo, cuando llega –y llega siempre y para todos–, puede ser catastrófico para nuestro delicado ego. Pues el tiempo es muy puñetero. Mientras te va pasando lentamente la mano por la cara, te va advirtiendo que nunca aprenderás lo suficiente. Que no hay universidad, IA, curso ni manual que haya resuelto aún la gran ecuación. Que ni el propio tiempo es garantía de nada. A veces puede llegar a ser agotador. Milton Glaser (I♥NY, el cartel para Bob Dylan de CBS Records, *New York Magazine*), con casi ochenta años, en el gran documental de Hillman Curtis –que vale la pena ver–, contaba: «De lo que me considero afortunado es de sentir que las cosas todavía me sorprenden, y me da la impresión de que esa es la gran ventaja de dedicarse al mundo del arte». Fijaos en que Glaser sustituyó aquí, sin complejos ni falsa modestia –como debe ser–, la palabra *diseño* por *arte*. Glaser continúa diciendo: «... en el que nunca desaparece la posibilidad de aprender, en el que básicamente tienes que admitir que nunca lo sabrás todo».[1] Y al final eso es justo la gracia y la desgracia del asunto.

Aun así, si algo distingue con fuerza la época de Milton Glaser de la nuestra es que ahora el tiempo de creación, alterado por la tecnología y la automatización de los procesos, se ha ido

1. Hillman Curtis, *Designer Feature Series*. Serie «Adobe Documentary». https://www.miltonglaser.com/milton/c:short-films/#7

acelerando de un modo vertiginoso. Hoy la simbiosis diseñador-máquina es total. Es la fusión definitiva. Vas al grano más rápido. El trabajo fluye más pero el dinero es menos lubrificante. Mucho menos. Dice el director de cine Albert Serra que «para los artistas o para la gente de la cultura o del *underground*, ahora es más difícil».[1]

Es este un mal que sufren todas las profesiones liberales contemporáneas, da igual que seas escritor, arquitecto, escultor, periodista, director de cine, músico, actor, traductor, pintor, *performer*, bailarín, poeta, director de orquesta, fotógrafo, compositor o diseñador. Da igual dónde vivas. Da igual que seas buenísimo. Hablad con vuestros amigos y conocidos que tengan un oficio y os lo corroborarán. Fijaos en que nos quejamos a menudo de que nuestros ingresos son muy inestables. Fijaos en cómo muchos lo ocultamos detrás de un «a mí no me interesa el dinero», como si el dinero y la cultura fueran incompatibles. Y no es casualidad. Es por este capitalismo feroz e hiperventilado, que, del mismo modo que debilita a la

1. Jagoda Marinic, *Nice to meet you: España. Por Europa con Jagoda Marinic*. Arte.tv. https://www.arte.tv/es/videos/119048-001-A/nice-to-meet-you-espana/

clase media, también depaupera el oficio. La profesión, no tanto.

Por otra parte, considerar el diseño como oficio le quita cierto prestigio y categoría. El diseñador prefiere mil veces sentirse parte de una élite intelectual más cercana a las figuras del artista o del científico –dos perfiles antagónicos que coexisten en la profesión–. Y aunque ambos se construyen a través de la experiencia y, en este sentido, también son oficio, hay muchas diferencias entre ellos. En realidad, hay muchos más perfiles dentro del diseño, como el del *businessman*, el del diseñador/Instagram, el del ingeniero, el del activista, etcétera. De la misma manera que hay una solución a la medida de cada proyecto, hay también un diseñador adecuado para cada proyecto. Pensemos, por ejemplo, en Margaret Calvert.

Margaret Calvert, junto con Jock Kinneir, diseñó gran parte de los pictogramas y protocolos de señalización que se utilizan en calles y carreteras de muchos países de nuestro entorno desde hace más de medio siglo. Desde la vaca de la señal de «Paso de animales domésticos» hasta los niños que atraviesan la calle de la señal de «Niños». En la mayoría de ellas se siguen utilizando los dibujos originales. Para diseñarlas, Calvert abordó el problema desde una perspectiva casi platónica. Basándose en exhaustivas investigaciones sobre comunicación y legibilidad, redujo el aspecto de los dibujos a la esencia absoluta, como si fueran letras, y les dio el máximo sentido con el mínimo coste. Diseñó también la tipografía Transport para el sistema nacional de autopistas e indicadores de tránsito de Gran Bretaña. Estuvo años probando la legibilidad en todo tipo de condiciones extremas: con lluvia, de noche, a gran velocidad. Margaret Calvert tiene hoy casi noventa años y su obra, prácticamente despojada de la más mínima huella de identidad personal, ha trascendido tiempo y fronteras. Digo «prácticamente» porque la vaca, por ejemplo, es una vaca de la granja de unos familiares suyos de Warwickshire y la ilustración de los niños la hizo a partir de una foto suya de cuando era pequeña –Margaret es la niña que lleva de la mano al niño–. La señalética es una de las disciplinas del diseño que más influencia tiene en nuestro entorno, y es también una de las más técnicas. A Margaret Calvert la nombraron Oficial de la Orden del Imperio Británico en 2016 por los servicios prestados a la tipografía y a la seguridad vial y recibió además en 2024 la prestigiosa medalla del Type Directors Club –pude formar parte de la junta que propuso, con mucha emoción, su nombramiento–. Ella responde sin duda a un perfil más científico que artístico.

Vamos ahora al otro extremo de la ecuación, donde podemos encontrarnos, por ejemplo, a diseñadores como Javier Mariscal (Cobi, *Chico & Rita*, butaca Alexandra). Mariscal es el diseñador que ha suscitado más envidia y recelos en Barcelona desde los años noventa, justo por su expresividad poco moderada y, sobre todo, por el gran reconocimiento popular del que disfruta. Mariscal tiene un estilo propio que impregna todo lo que toca, sea un logotipo, una silla, una taza, una jarra, un sofá, una película o un cartel. Tener estilo, un sello personal, se considera un pecado en el diseño: el segundo y más grave de todos –el primero es pasarse por el forro la funcionalidad–. El pecado es doble si el estilo es poco técnico. Si es expresivo. Pero tener un estilo no tiene que ser por fuerza lo mismo que repetir una fórmula *ad nauseam*. Tener un estilo puede ser una profundización total y radical en una forma de hacer y de estar en el mundo. Y si te gusta, bien, y, si no, también. Muchos a Mariscal no lo consideran diseñador, lo consideran artista, justo por lo del estilo. Sin embargo, para mí el arte es una parte completa y absolutamente indisoluble del diseño, la más subestimada, pisoteada y desprestigiada. Muchos diseñadores creen que el hecho de que haya un encargo comercial implica que los intereses cambien de modo radical. Como si Miguel Ángel o Da Vinci –salvando las distancias– hubieran trabajado sin tener que lograr ninguna función concreta, movidos nada más que por la inspiración divina. Yo creo que no. O que depende. Retomando el hilo, Javier Mariscal es a Barcelona lo que Milton Glaser fue a Nueva York. Ambos forman parte del imaginario colectivo, y han sido responsables de cómo se percibía toda una ciudad a sí misma en un momento concreto de la historia. Ellos son la ciudad. Y sí, la obra de Mariscal es igual de comprometida que la de Margaret Calvert. Porque el trabajo bien hecho, como decía Miguel Milá (lámparas Cesta y M68, Chimenea, banco Neo-Romántico), tiene un sentido moral.[1]

Podríamos decir que todo diseño se mueve entre las coordenadas de función (ciencia) y forma (arte). Así pues, tendríamos a Margaret

1. Miguel Milà, *L'essencial. El disseny i altres coses de la vida*. Barcelona: Rosa dels Vents, 2019. Edición de Anatxu Zabalbeascoa.

Calvert en un eje y a Javier Mariscal en el otro. Ahora bien, dónde se sitúa cada uno en esa tabla es algo que no se puede controlar del todo, ya que se nace con una naturaleza más racional o con una más impulsiva. La psicología del proceso creativo franquea el papel, igual que lo franquean la cultura, la economía y la sociedad en la que vivimos. A los diseñadores, sin embargo, movidos por razones a menudo turbias, nos encanta defender nuestra posición exacta con unas ansias totalmente admirables.

Y es que, de tanto discutir entre nosotros, quizá no hemos ayudado a que esto del diseño se entienda. Y nos parece que se ha instalado entre la gente la idea de que el diseño es algo frívolo y caprichoso. Y eso es cierto y no es cierto. Este enrevesado oficio nuestro está repleto de claroscuros y matices, y no admite una respuesta monolítica. *Sobrevivir al diseño* es una aportación desde mi mirada, marcadamente gráfica, para tratar de entender mejor este lío. O quizá no. Quizá, con suerte, sirva para que surjan aún más preguntas.

Lo que sí está claro es que nadie que tenga los pies en el suelo, cuando llega a casa después de un viaje largo por carretera sin haber tenido un accidente o perderse, piensa en el gran trabajo de Margaret Calvert. Que pocos tienen presente al señor Epelde, aunque muchos, cerrando los ojos, aún puedan ver sus carismáticos rótulos. Que nadie, después de haberse leído una larga tesis doctoral en Times New Roman sin sufrir un dolor de cabeza horroroso, recuerda la gran labor de los tipógrafos Victor Lardent y Stanley Morison. Y que tampoco los debe de recordar el estudiante que la escoge y que, sin saber bien por qué, ve como sus palabras adoptan un aire más formal, pero también más impersonal. Quizá justo por eso dicen que el buen diseño es invisible a los ojos.

2. La forma

Nunca pensé que me iba a afectar tanto. De hecho, cuando Christian y yo vivíamos en los Estados Unidos y empezábamos a hablar de volver a Europa, le comenté que Ámsterdam me parecía una buena opción, que para mí el clima no sería ningún problema. Sin embargo, una vez allí, y a medida que pasaban los años, veía cómo cada invierno me invadía una especie de letargo, un cansancio profundísimo que no me dejaba hacer nada y que se desvanecía como por ensalmo en primavera. Cada año, sin excepción, se repetía el mismo patrón de contrastes térmicos y anímicos. Y en Ámsterdam, mi querida Ámsterdam, es donde comprobé que el clima, allí tan diferente al de mi país, puede afectar al humor, y la trascendencia que ello tiene para la salud en general. La forma provoca un efecto muy similar. Penetra en nuestro espíritu de la misma manera átona y silenciosa. Y nunca somos lo suficientemente permeables. Puede hacernos caminar erguidos, enérgicos. Puede darnos fuerzas para encarar la vida con la confianza y el optimismo de Napoleón entrando en Rusia. O puede darnos dolor de cabeza, deprimirnos y ahogarnos en un mar de melancolía desagradable y agobiante.

Precisamente por el efecto climático que tiene la belleza sobre el alma, cuando un político o un gestor escupe que el diseño es elitista y banal, en lo que todos los diseñadores coincidimos –algo que no pasa a menudo– es en pensar que oculta unas intenciones aviesas, en especial hacia las capas más frágiles de la población. Las quiere más dóciles, cabizbajas y resignadas. Porque el diseño y su forma impregnan todo el espacio público, el espacio que sí que compartimos todos, los de arriba y los de abajo: el alumbrado, los bancos donde nos sentamos, los edificios públicos donde trabajamos, el colegio de nuestros hijos, los formularios de Hacienda, la señalización, los carteles que observamos cada día por la calle, la web del Ayuntamiento, el transporte público. Todo lo que nos rodea está diseñado, todo; forma parte de nuestro día a día y lo hace, en definitiva, más o menos soportable.

Por ejemplo, imaginaos que estamos en Nueva York. Stefan Sagmeister (*The Happy Film*, el *Bridges to Babylon* de los Rolling Stones, el póster del AIGA Detroit), uno de los diseñadores contemporáneos más abiertamente interesados en la belleza, demostró la relación entre el espacio público y el estado anímico de los viandantes mediante la observación de la experiencia de uso en dos de las mayores estaciones de la ciudad: Grand Central, un majestuoso edificio de 1903 que vale la pena visitar solo para admirarlo, y Penn Station, la estación más controvertida para los neoyorquinos, que se creó con idéntica majestuosidad que Grand Central, pero que durante la década de 1960 sufrió una reconstrucción monstruosa para acomodar en ella el Madison Square Garden. La gente la recibió tan mal que incluso hubo manifestaciones en contra. Y, más tarde, Jackie Kennedy y otras lumbreras llegaron a montar una asociación protectora de la arquitectura noble. Desde ese descalabro la estación está en permanente revisión. Penn Station pasó a ser oscura y claustrofóbica: si la habéis visitado lo más probable es que fuera «solo» porque teníais que coger un tren. Sagmeister cuenta un hecho curioso: al comparar los tuits que se escribían en los dos espacios, comprobaron que los que se emitían desde Grand Central siempre tenían una tendencia positiva, mientras que los que se publicaban en Penn Station propendían a lo negativo. Y se han hecho muchísimos estudios como este que corroboran esa misma relación. Cada ciudad tiene un clima formal propio, creado por arquitectos y diseñadores, que no se puede desligar de los habitantes porque los deforma convirtiéndolos en fieles reflejos suyos.[1]

Lo dijo Winston Churchill mejor que nadie después de la destrucción de la Cámara de los Comunes por el bombardeo nazi durante el *Blitz*: «We shape our buildings and afterwards our buildings shape us». Que viene a ser algo como «Nosotros damos forma a los edificios; una vez hechos, ellos nos conforman a nosotros». Es esta una de las frases sobre la forma

1. Pódcast *Design and the City*. ReSITE. Entrevista de Alexandra Siebenthal a Stefan Sagmeister, 8 de diciembre de 2020. https://www.resite.org/blog/stefan-sagmeister-on-beauty-as-function

más redondas, solemnes y graves que se hayan dicho jamás. El 28 de octubre de 1943, Churchill defendió que la forma confrontada de la antigua cámara era la responsable del sistema de dos partidos en el Reino Unido y la esencia de la democracia parlamentaria británica, y que, por tanto, en lugar de reconstruirla con un diseño semicircular, se debía reconstruir fielmente.[1]

Nos guste más o menos, seamos o no diseñadores, todos intuimos que la forma tiene un peso de proporciones gigantescas en el mundo. La forma nos forma, nos deforma y nos conforma. No podemos huir de ella. Si la despreciamos, también nos deforma. Si alguien se cree que no le afecta, le afecta. Porque todo tiene alguna forma. Todo. Cómo hablamos. Cómo actuamos. Cómo vestimos. La forma del lugar donde vivimos y respiramos. La forma de las letras que leemos cada día. Incluso el diseño más puro, transparente y neutro tiene forma. Hagamos lo que hagamos, todo tiene forma, y su forma forma y conforma.

Hace tiempo que otras disciplinas, ajenas al arte y más conectadas con la economía, tienen

1. «Churchill and the Commons Chamber». https://www.parliament.uk/about/living-heritage/building/palace/architecture/palacestructure/churchill/

clarísima esta idea. La tienen mucho más clara que nosotros, los diseñadores, que, ingenuos como somos, seguimos discutiendo y poniendo en cuarentena la idea de belleza –nuestra obstinación con ese tema nos viene casi por deformación profesional–. Y los otros, poco a poco, la han ido devorando. La estética hoy ha quedado secuestrada en manos de técnicos, ingenieros, inmobiliarias y MBA. Es la pornografía de las ventas.

Hoy la estética de la forma es a menudo un artefacto bélico y burdo. Lo primero es vender sin arriesgarse desperdiciando tiempo y recursos en la forma, porque ya hay miles de fórmulas que nos indican con una exactitud absolutamente milimétrica cuál es la que sirve mejor para este propósito. Por ello también es poco sostenible –eso es lo que ocurre cuando no se respeta nada que no tenga una utilidad inmediata: que tiene caducidad–. Y, por paradójico que parezca, ese hiperanálisis del mercado nos aboca a una falta total de empatía hacia el ser humano. Así es como van naciendo nuevos diseños que funcionan igual que el polen para las abejas. Diseños que no aportan nada sustancialmente mejor a nadie. Es la forma obscena de la manipulación más burda.

Muchos diseñadores creemos que esta noción exaltada de la utilidad y de la productividad es absolutamente maligna. Hoy, los diseñadores que dedican tiempo a la forma lo hacen en un sentido casi antisistema y a contracorriente. Hay muchísimos diseñadores que empujan en ese sentido y que consiguen maravillas como, por ejemplo, la delicada dirección artística del estudio francés de MM Paris (Björk, Loewe, Yohji Yamamoto), los carteles hipnóticos del coreano Chae Byungrok (Noodle World 2013, Korean Society of Typography), los patrones y las letras imposibles de Hansje van Halem (Lowlands, Wind) o los elocuentes *letterings* de Kristyan Sarkis (*The Way I See It...*, Dutch Alphabets Lettering), las experiencias inmersivas del estudio Universal Everything (Radiohead, Hyundai, Zaha Hadid Architects) o la forma experimental y crítica de la obra de Tereza Ruller (The Rodina, *Mass Makeup: Freckles*). La lista es muy larga. Ellos son un ejemplo nítido y claro de que arte y diseño todavía pueden ser lo mismo.

Existe hoy una manera dogmática de ver la belleza como algo puramente funcional, y así se distorsiona su esencia. Como una mercancía más para ser consumida. Por eso muchos la detestan. La belleza, sin embargo, no tiene nada que ver con la utilidad y el raciocinio, sino que penetra en el terreno pantanoso de las emociones de una manera total y catastrófica. La belleza es misticismo, es espiritualidad. «Es curioso, pero las artes decorativas, como todo el mundo sabe, aparecen con las obras religiosas. Hay algún tipo de conexión indudable con el amor y la inspiración. Las mil maneras ornamentales con las que la caligrafía islámica ensalza a Alá; el esplendor de las vidrieras y el exceso de arcos labrados en las iglesias; los manuscritos iluminados. Creo que donde hay amor, esmero y artesanía auténticos se comunica algo que me parece que no se puede comunicar de ningún otro modo», explica la diseñadora Marian Bantjes (*I Wonder, Pretty Pictures*).[1] Bantjes es una artista gráfica canadiense conocida por las espectaculares letras que dibuja, por sus ornamentos complejos y su estilo decorativo. Otro faro cuando yo estudiaba.

Volviendo a la belleza, diría que el pánico a abrazarla por parte de algunas religiones, como si fuera un impulso descarriado, un pe-

1. Alice Twemlow, «Marian Bantjes: Ornamentality». *Eye Magazine*, número 58, invierno de 2005.

cado mortal que les desviara de Dios, es muy similar al miedo de algunos diseñadores puristas, que creen que pensar en la belleza los alejará de la esencia de las cosas, del porqué. A mí eso me parece una memez. No obstante, quizá no sea un miedo irracional del todo. «En tanto que objeto deseado, lo bello pertenece al ámbito de los instintos primarios, Eros y Tánatos. El mito reúne a los adversarios: placer y terror. La belleza tiene el poder de controlar la agresión: anula e inmoviliza al agresor», explica el filósofo Herbert Marcuse.[1] ¿Tiene tanto poder la belleza como para deslumbrarnos y neutralizar nuestra capacidad crítica hasta el punto de no dejarnos ver el propósito intrínseco de las cosas?

Tal vez este pánico obedezca a la misma costumbre atávica que nos impide asumir que la vida pueda existir por mera arbitrariedad. La misma que no nos deja pensar que la belleza puede estar en este mundo sin ningún propósito. «Una hoja es bella no por razones de estilo, [...] sino porque su forma exacta nace de la función», decía Bruno Munari (artista y di-

1. Herbert Marcuse, *Un ensayo sobre la liberación*. México: Editorial Joaquín Mortiz, 1969.

señador polifacético de enorme prestigio durante el siglo XX; *Arte come mestiere*, 1966, es su libro más influyente).[1] Darwin, no obstante, se devanaba los sesos para justificar el adornado plumaje de la cola de los pavos reales, que, aparte de hacerlos bonitos, los vuelve torpones y desmañados. Y una presa fácil. En una carta a su amigo Asa Gray, botánico norteamericano, Darwin le escribe desesperado: «¡Ver una pluma de la cola de un pavo real, cada vez que la miro fijamente, me pone malo!».[2] No fue sino unos años más adelante, en 1871, cuando Darwin propuso su teoría de la selección sexual, en la que afirmaba que la hembra del pavo real escogía pareja según los atributos de su cola. Así, quedaba justificada por una cuestión de reproducción. Esa teoría nos habría dejado del todo satisfechos si no fuera porque, con el tiempo, algunos estudios han sugerido que la relación entre la calidad del plumaje y el éxito reproductivo no está, en todos los casos, tan clara. En algunos experimentos, las

1. Bruno Munari, *El arte como oficio*. Barcelona: Editorial Gustavo Gili, 2020.

2. Universidad de Cambridge, «Darwin Correspondence Project». Carta del 3 de abril de 1860. https://www.darwinproject.ac.uk/letter?docId=letters/DCP-LETT-2743.xml

hembras no siempre han mostrado una preferencia significativa por pavos de colas más exuberantes o simétricas, lo que indica que pueden intervenir otros factores en la selección de pareja.[1] Igual que nosotros, que a menudo nos enamoramos del pretendiente más disfuncional, o quizá del menos atlético, pero que tiene una gracia extraordinaria que no sabemos muy bien como explicar. Así, la majestuosa cola de pavo real sigue dándoles quebraderos de cabeza a los científicos.

De lo que pocos dudan es de la premisa de que la belleza tiene que existir por algún motivo y con una finalidad utilitaria. Y es que nos empecinamos en explicar todo lo que nos rodea. Porque, si no tuviera razón de ser, se habría extinguido como un miembro inútil que, a lo largo de los siglos, hubiera ido desapareciendo de nuestro cuerpo hasta no dejar ni rastro. Porque si en la naturaleza todo se hubiera desnudado siguiendo un dogmático «menos es más» y todo tuviera, pongamos por caso, forma redonda o cuadrada, austera, sin ningún color de más ni de menos; o si todo fuera rojo para

1. https://www.researchgate.net/publication/222211871_Peahens_Do_Not_Prefer_Peacocks_with_More_Elaborate_Trains

llamar la atención o todo fuera neutro para fundirse con el paisaje; si los cuerpos sirvieran estrictamente para comer, defecar y reproducirse, no estaríamos hablando de nuestro mundo. Puede que de un universo paralelo donde todo sería más simple y mecánico, pero no del nuestro.

3. El porqué

Me pareció muy curioso que, pese a que sus padres eran suizos, cuando les dijo que quería ser diseñador, lo llevaron directo al psicólogo, asustados. Yves Zimmermann (Isdin, Carolina Herrera, Puig) tendría unos sesenta y seis años cuando vino a darnos una conferencia a la universidad. Yo, entonces, que pasaba por una época de convicciones racionalistas, con una tranquilidad flemática, albergaba la idea romántica de que ser diseñador en Suiza debía de tener un prestigio similar al de trabajar en la banca. Pero, por lo visto, no era así ni en la época más esplendorosa del diseño suizo, en los años cincuenta. Zimmermann, como buen embajador, nos contaba que el diseño tiene la misión de encontrar la esencia de las cosas, y, cuando hablaba de belleza, se exaltaba con pasión. Aquello era personal. Aquello entraba en el mundo vidrioso de las cuestiones personales. Decía frases como: «Bonita puede ser cualquier cosa» o «lo que se tiene que comunicar se reduce a la esencia mínima, dejando fuera todo lo que no sea significativo».[1] Yo asentía entusiasmada como si estuviera en un mitin político. Si una cosa tenemos en común gran parte de los diseñadores es que empezamos la carrera siendo unos racionalistas convencidos. En el fondo muchos lo éramos por fuerza, pues todavía no habíamos desarrollado nuestras habilidades y así justificábamos nuestras lagunas –ese era mi caso–. Esa es una de las caras ocultas del minimalismo. Puede servir de trampantojo para esconder toda clase de carencias.

Otro tema que quizá suscite recelos es lo que podríamos denominar el desbarre verbal. A todos los diseñadores nos ha pasado. Y, cuando nos pasa, todos presagiamos que es mala señal. Justo cuando los diseñadores sentimos que nuestra propuesta no es lo suficientemen-

1. Ricardo Jornet, «Yves Zimmermann: Seis décadas en la vanguardia del diseño». *Domestika Maestros: Yves Zimmerman.* https://www.domestika.org/es/blog/3240-yves-zimmermann-seis-decadas-en-la-vanguardia-del-diseno

te firme, prorrumpimos en un parloteo balbuciente a propósito del porqué de las cosas. El «porqué» es bello cuando se precipita de manera inevitable. Cuando cae por su propio peso. Sabes que lo has encontrado porque contagia a todo el mundo una sensación muy clara y nítida de que no hay otra solución posible. Es un artefacto de precisión. Como las imágenes de Javier Jaén (*The New York Times*, *Madres paralelas*, Ebony), la labor editorial de Julia Hasting (*The New York Times*, Phaidon Press) o la obra tipográfica de Astrid Stavro (*Elephant*, Sol de Ícaro, Design by Atlas).

Zimmermann venía a la universidad a representar un estilo que, cuando está bien hecho, debería tener todos los ingredientes que *a priori* y a grandes rasgos tiene un buen diseño: orden, fuerza conceptual, función o vocación de servicio, precisión técnica y atemporalidad. El diseño suizo, enmarcado en la modernidad y alimentado por la Bauhaus y el famoso lema de «la forma sigue a la función» de Louis Sullivan,[1] por el constructivismo ruso, por el De Stijl neerlandés y por la nueva tipo-

1. Louis Sullivan, «The Tall Office Building Artistically Considered». *Lippincott's Monthly Magazine*, número 57, marzo de 1896.

grafía de Jan Tschichold (*Die neue Typographie* y *Typographische Gestaltung* fueron los libros de cabecera de toda una generación de tipógrafos), era de vocación racional. El diseño suizo llegó a este mundo para poner orden, lo cual fue especialmente útil cuando terminó el horror y el desastre de la Segunda Guerra Mundial. Ayudó a curar sus heridas. Fue un puñetazo en la mesa. Un ya está bien. Era el estilo del no-estilo.

Por entonces creían, quizá como nunca antes, que el diseño podía formar parte de la reconstrucción de este mundo nuestro, a fin de hacerlo más fértil, democrático y comprensible. Y lo consiguieron. Fue un buen aliado de la economía y lubricó el engranaje para que todo volviera a funcionar con una potencia renovada. En los últimos años de la década de 1950, liderado por la tipografía Helvetica, el diseño suizo se extendió fuera de las fronteras europeas; las marcas, una a una, se rediseñaron y la neutralidad lo fue tiñendo todo de una pulcritud hospitalaria.

Con el paso del tiempo ese estilo se fue asimilando y transformando en cada país. Muchos diseñadores empezaron a rebelarse contra él –Paula Scher (The Public Theater de Nueva

York, Citibank) cuenta que sentía su aliento en la nuca como si fuera un complot de su madre ordenándole que arreglase la habitación–[1] y en cada década surgieron movimientos de reacción, como el pop, el punk, el posmodernismo o, en la de 1990, el grunge, liderado por David Carson (las revistas *Ray Gun* y *Beach Culture*, Nine Inch Nails): «Hay una línea fina entre lo que es simple, limpio y potente y lo que es simple, limpio y aburrido».[2] Eran movimientos que nacían impulsados en gran medida por la industria cultural, en la que tradicionalmente siempre ha habido algo más de margen para la experimentación –creo que, en cierto modo, porque ha habido también, en general, menos dinero en juego.

En una época más próxima, en 2023, un polémico Juan Villanueva (Type Crit Crew, Monotype, Type Electives), en una conferencia en la ATypl (Asociación Internacional de Tipografía), citaba a Nina Paim (Futuress, Bikini Books, *Taking a Line for a Walk*): «Esta idea de que el diseño puede ser neutral solo es posible en lugares como Suiza. En Brasil, ese engaño es

1. Gary Hustwit, *Helvetica* (documental). Reino Unido, 2007.
2. *Ibid.*

imposible: todo está continuamente en llamas». Y continuaba Villanueva: «Yo, que vengo de Latinoamérica y estoy expuesto a la cultura europea, sé exactamente qué quiere decir. Esa fachada de neutralidad es un privilegio y una herramienta de colonización que se perpetúa y refuerza a través del diseño. Porque todo está diseñado. [...] Cuando declaras que algo es neutral y tratas de sacarlo de contexto, cuando eliminas su complejidad, lo que haces, en realidad, es permitir y perpetuar la supremacía blanca».[1]

Rick Poynor (*Eye Magazine*, *Design Observer*) cuenta que hacia la década de 1990 la mayoría de los empresarios ya habían aprendido que si se tomaban el diseño más en serio venderían más y mejor que sus competidores. Todo cuanto rodeaba la *función* se fue corporativizando, independizando y amputando del diseño. Y se convirtió en *design thinking* o en *innovación* o en muchas otras palabras más o menos atractivas. Poco a poco, los márgenes del diseño se fueron volviendo escuchimizados

1. Juan Villanueva, «Reclaiming Peruvian typography: A decolonial read on design history». Conferencia en ATypl, París, 9-14 de mayo de 2023. https://www.youtube.com/watch?v=806xkQXfybA

y ridículos. Y todas las demás disciplinas extirpadas del diseño quedaban supeditadas a la *estrategia* –profesión que a menudo observa el diseño con aires de superioridad–. «El diseño sin la estrategia es decoración y nada más», comentaba en tono irónico una *head of experience strategy* en un congreso. Esa mirada despectiva existe y es habitual encontrársela entre personas cultivadas, en las grandes agencias de publicidad o en estudios de diseño que confían la estrategia a una figura externa ajena por completo a nuestra disciplina. En estos casos, nos podemos encontrar con personas especialmente pretenciosas que tienden a creer que el diseñador es el decorador de sus conspiraciones marketinianas. El diseño como un maquillaje irrisorio.

No obstante, la piedra filosofal del diseño ha sido y será siempre la función, el servicio al otro, la atemporalidad. De aquí salen el «menos, pero mejor» de Dieter Rams, el susodicho «la forma sigue a la función» de Sullivan y el «menos es más» de Mies van der Rohe. Diseño y estrategia son exactamente lo mismo. Tienen que ser lo mismo. Son una unidad indivisible. «El diseño es estrategia», afirma el diseñador Mario Eskenazi (Arts Santa Mònica,

Mordisco, Banco Sabadell).[1] Son dos caras de la misma moneda. Separarlas sería como desconectar la cabeza del cuerpo. ¿Qué sentido tendría?

La utilidad crea belleza, podrán decir unos. Sí: la belleza aislada, que tiene más de intuición que de razón, priva de fundamento nuestra labor y puede mandar al cliente a la ruina. El funcionalismo, sin embargo, seco y mutilado de narrativa, puede producir un entorno humanamente disminuido e inaguantable, y puede mandar también al cliente a la ruina. El funcionalismo desatado a la gente le causa, sobre todo, desconfianza. Y aunque los datos y el análisis pueden ser herramientas valiosas para entender y optimizar el impacto del diseño, no deberían dictar el proceso creativo de la manera orwelliana en la que lo dictan ahora.

Hoy el por qué debería incorporar de modo consustancial otras dos preguntas tanto o más importantes: el cómo y el qué. Alice Rawsthorn (*Design as an Attitude*, *Women at Work: 1900 to Now*, *Observations: Moments in Design History*) compara con acierto la cólera de William Morris –gran defensor de la vuelta a la artesanía–

1. En un mensaje a la autora.

ante los primeros objetos producidos en serie, que le evocaban la desoladora imagen de niños trabajando hasta la extenuación en las fábricas de finales del siglo XIX, con la que sentimos hoy nosotros ante los innumerables objetos que sabemos que se han producido en condiciones humanas y ecológicas cuestionables. Hoy muchas grandes marcas centran todos sus esfuerzos en el *branding*, mientras subcontratan la producción. En el mundo de la moda rápida es donde quizá sea más evidente: «La tónica general en la moda es como un capítulo de *House*: todos mienten», dice Marta D. Riezu.[1] Esta opacidad en la cadena de producción no se limita a la moda; otro tanto pasa en el campo de la alimentación, entre otros. No es ningún secreto. Consumimos marcas, no consumimos productos. Por eso tenemos que ser tan cautelosos a la hora de comprar. La propia palabra *marca* deriva de las marcas que se grababan con hierro candente sobre el ganado para identificar a sus propietarios. Y que también se han grabado en la piel de las personas esclavizadas hasta no hace mucho, mientras los europeos co-

1. Marta D. Riezu, *La moda justa*. Barcelona: Anagrama, 2021.

lonizaban África. «Lo bello es consecuencia de lo justo», dice Bruno Munari.[1] Un diseño que es armonioso en todos los sentidos muestra empatía, respeto hacia el otro y también hacia el planeta. Un buen diseño debería ser, también, un diseño ético.

1. Bruno Munari, *op. cit.*

4. La memoria

Somos nuestra memoria. Esta idea cristalizó en mi mente en Los Ángeles. Las ciudades son como nuestras casas, pero más grandes, y yo nunca antes había vivido en una con una historia construida tan corta. En la vida se me había pasado por la cabeza que alguna vez pudiera echar de menos los edificios centenarios del casco antiguo de Barcelona o los adoquines que pisaron mis bisabuelos. Cada vez que volvía a casa aplastaba la mejilla contra la piedra fría de cualquier construcción, superagradecida a no sé muy bien quién. La memoria, a prueba de los egos más pedantoides, nos revela que entre todos –los que estamos y los que no– lo hacemos todo. Y eso es reconfortante. No estamos solos. Para bien o para mal, nuestra vida no surge de la nada, sino que responde al camino de nuestros antepasados y al de nuestros contemporáneos. No hay un solo paso humano que no parta del de otro.

Este es un tema extremadamente peliagudo para nosotros los diseñadores y los creadores en general, porque muchos creen en lo de la originalidad (y, cabe decir, el pavoneo también nos acompaña mucho). La página en blanco es solo una ilusión. En el fondo, si es que existe el fondo, todos lo sabemos: construimos, más consciente que inconscientemente, sobre el trabajo de los demás. La definición más honesta de plagio se la he leído a Josep Pla: «El plagio nunca se había considerado algo criticable. Hoy lo es, porque el escritor que lo hace es considerado por sus compañeros como un hombre que rompe las leyes de la caballería comercial».[1] Así es como funciona la implacable inteligencia artificial y por eso no gusta. Y cuando el beneficiario económico que se alimenta del trabajo de todos como el más temible de los depredadores es uno solo, en efecto, el delito es peor.

1. Citado en Joan Fuster, *Diccionari per a ociosos*. Barcelona: Editorial A. C., colección Cara i Creu, 1, 1964.

Es paradójico, pero, sin memoria, como el enfermo de alzhéimer que se mira al espejo y ya no se reconoce, no hay futuro. Por ejemplo, la caligrafía es una de esas cosas que sigue y seguirá influyendo sobre la cultura por mucha tecnología que irrumpa en la vida del hombre. La historia de la escritura, uno de los inventos más importantes y antiguos que ha conocido la humanidad, aguanta el peso de la memoria: es el resultado de una copia descarnada tras otra. De nuestro puño y letra han salido innumerables estilos empapados de historia (unciales, góticas, capitulares romanas, carolingias, etc.) que han ido dejando testimonio del pasado y nos ayudan a entender cómo han evolucionado las culturas a lo largo del tiempo. Los grandes imperios no solo han hablado con orgullo su propia lengua, sino que también han escrito con su propia letra. Y la comunicación ha sido siempre un complemento a la fuerza militar. «En la época de los grandes imperios coloniales había una necesidad de homogeneización entre los distintos territorios colonizados para poderse comunicar con eficacia, y una de las maneras de hacerlo fue compartir –o imponer– una lengua o un mismo sistema de escritura. Casos como el vietnamita o la imposición del alfabeto latino para la transcripción de las lenguas indígenas en Latinoamérica», comenta el diseñador de tipografía Andreu Balius (Pradell, Carmen, Taüll).[1] «La letra siempre se ha utilizado con fines identitarios», insiste el calígrafo Oriol Miró (Flamant, Sanilevich Estate Winery, Ruavieja).[2] El Imperio romano lo hizo con las majestuosas capitulares romanas; Carlomagno con la carolingia, un mismo tipo de letra que impuso en toda Europa. Al igual que Luis XIV cuando encomendó la Romain du Roi, una tipografía geométrica y reticulada enormemente innovadora e influyente, destinada a restaurar la hegemonía francesa; o el emperador Maximiliano I cuando encargó la xilografía del Arco de Triunfo a Albrecht Dürer y pidió un nuevo tipo de letra a Hieronymus Andreae: la Fraktur se hizo tan popular en Alemania que siglos más tarde, cuenta Steven Heller (*The New York Times, The Typographic Universe, Icons of Graphic Design*) en *Print Magazine*, «los nazis ensalzaron las virtudes nacionalistas de la escritura con letra gótica germánica».[3] Por

1. En un mensaje a la autora.
2. En un mensaje a la autora.
3. Steven Heller, «Practice Your Black Letter Writing Here». *PRINT Magazine. The Daily Heller* (en línea), 10 de ene-

su parte, la Helvetica, que todo el mundo conoce, es tan seña de identidad suiza como símbolo inequívoco de la globalización –hija del Estilo Tipográfico Internacional o del diseño suizo, enfatizó la simplicidad, la legibilidad y la neutralidad–. No os perdáis el documental *Helvetica* si os interesa la historia de esta popular tipografía.

Entrado el siglo XX, cuando la tipografía ya había sustituido la mano del hombre en la mayoría de los documentos gracias a la imprenta, Steve Jobs se apuntó a la asignatura de Caligrafía en el Reed College. En un discurso pronunciado en la Universidad de Stanford, contó: «No había la menor posibilidad de que nada de eso tuviera una aplicación práctica en mi vida». Es el encanto de la caligrafía: no sirve para nada. «Pero al cabo de diez años, cuando estábamos diseñando el primer ordenador Macintosh, lo recordé todo. Y lo aplicamos en el Mac.» Como buen creador, supo conectar ideas dispares. «Fue el primer ordenador con una tipografía bonita. Si no hubiera pasado por ese único curso en la universidad, el Mac

---

ro de 2013. https://www.printmag.com/daily-heller/practice-your-black-letter-writing-here/

no habría tenido múltiples tipos de letra o fuentes espaciadas proporcionalmente.» Y así es como Apple colonizó, con la tipografía como seña de identidad, un planeta entero y le dio la opción de escribirse con la voz que quisiera. Al recordar este episodio, Jobs, sibilinamente, remata: «Y puesto que Windows se limitó a copiar el Mac –dice "copiar"–, es probable que ahora ningún ordenador personal los tuviera».[1] ¡Ja!

Es curioso que, disponiendo de toda esta tecnología a favor de la letra y de su propagación, se hayan reforzado tanto las lenguas predominantes y se hayan debilitado tanto las minoritarias, condenadas sin remedio a una extinción inminente si no son digitalizadas. «Para los investigadores, el declive en el número de lenguas es análogo al de la biodiversidad», explica Peter Bil'ak (Typotheque, Fontstand, Make Move Think, Fedra).[2] «Nací en Checoslovaquia y mi lengua materna es el eslovaco. Por

1. Universidad de Stanford, «Stanford University Commencement Speech». *Stanford Report*, 12 de junio de 2005. https://news.stanford.edu/stories/2005/06/youve-got-find-love-jobs-says

2. Peter Bil'ak, «Giving Voice to People». *The Conference*, 1 de septiembre de 2023 (conferencia en línea). https://www.youtube.com/watch?v=fTz6_LkBj_s

desgracia, cuando empecé a diseñar, casi ninguna fuente digital admitía los diacríticos centroeuropeos, así que me vi obligado a hackear las fuentes para hacerlos. Esto me hizo consciente de lo corto de miras que es crear soporte solo para algunos idiomas y excluir otros porque alguien ha decidido que no hay mercado para ellos. En nuestro estudio, decidimos no limitarnos a aplicar criterios de economía de mercado, sino tener en cuenta también el impacto cultural de los proyectos.» Peter Bil'ak, aparte de ser un diseñador de enorme reconocimiento también por sus ensayos, está empeñado en crear fuentes para lenguas minoritarias que no tienen tipografías con las que expresarse, y además las está haciendo económicamente viables, aun sin contar con ayudas de ningún gobierno, «pues los editores quieren estar seguros de poder trabajar en estos idiomas», explica Peter Bil'ak.[1]

Pero ¿qué es la tipografía? Erik Spiekermann (FF Meta, Berliner Grotesk, ITC Officina) explica que la tipografía hace visible el len-

1. «Typotheque, Unleashing the Power of Words», a *Clot Mag*, entrevista de Simona Serban a Peter Bil'ak, 4 de febrero de 2023. https://clotmag.com/interviews/typotheque-the-real-power-of-words

guaje.[1] Lo hace tangible. Le da forma. Y no solo hace posible que nos podamos comunicar, también hace posible que nos comuniquemos de una forma precisa: nos da una información similar a la que recibimos de los gestos o del tono o el volumen de voz al hablar. Nos da información sobre quién habla. Sobre cómo nos habla. Nos proporciona los matices. Hace visible lo que es invisible. Sin embargo, ha habido discursos tan extremadamente racionalistas dentro del sector que incluso anulaban esta función intrínseca.

Centrémonos un momento en el influyente ensayo «The Crystal Goblet, or Printing Should Be Invisible» de Beatrice Warde.[2] En este libro Warde desarrolla la idea de que la tipografía perfecta –como la copa de cristal que deja apreciar el vino y todas sus cualidades– debería ser invisible, para que permita ver las virtudes intrínsecas del contenido del texto sin ningún tipo de intrusión. Pero en la forma siempre podemos encontrar una intención. Siempre.

1. Erik Spiekermann, «Type is Visible Language». Conferencia en el Beyond Tellerrand, Düsseldorf, 19-21 de mayo de 2014. https://www.youtube.com/watch?v=ggQpDu63kk0

2. Beatrice Warde, «The Crystal Goblet, or Printing Should Be Invisible», en *The Crystal Goblet. Sixteen Essays on Typography*. Cleveland: The World Publishing Company, 1956.

La discreción es también intención –quizá la más difícil de alcanzar–. Nosotros mismos no hablaríamos siempre en un tono de telediario, o en voz baja, o gritando. ¿Quién se pondría unas limitaciones de esa envergadura a la hora de hablar en cualquier contexto, si no fuera porque tiene un problema muy grave que se las impone?

De la misma manera que existen un tono, un volumen y una gestualidad más o menos apropiados, o no, para verbalizar una información en cada momento y según el contexto, cada tipografía tiene una idiosincrasia que carga de un significado subliminal e inevitable nuestro texto. Por eso –*a priori*– no estaría bien usar una Garamond para anunciar una comedia, o una Comic Sans para un panfleto político, a menos que el que se presentara a las elecciones fuera un provocador (que también podría pasar).

«Las personas a quienes no les gusta la Comic Sans no tienen ni idea de diseño», dice Vincent Connare.[1] Tuve la oportunidad de oír-

1. *Dezeen* (en línea). Entrevista de Anna Winston a Vincent Connare, 27 de noviembre de 2014. https://www.dezeen.com/2014/11/27/vincent-connare-typography-interview-comic-sans-ms/

lo en su conferencia titulada «¡Odio la Comic Sans!» en 2008, en un auditorio repleto de diseñadores en Valencia.[2] Yo acababa de empezar a trabajar, así que, claro, detestaba la Comic Sans. Aviso a navegantes: cuando crees que ya estás aprendiendo a gesticular como un diseñador, lo primero que haces es empezar a odiar la Comic Sans con todas tus fuerzas. Error.

Connare, el diseñador de la Comic Sans, impartió una lección memorable, magistral. Los días anteriores a la conferencia se dedicó a pasear por Valencia y a hacer fotos, que después proyectaría, de todos los lugares donde encontraba la tipografía: restaurantes, avisos de la policía –¡socorro!–, peluquerías, etc. La Comic Sans, publicada en 1994 por Microsoft, es una tipografía estupendamente bien hecha, diseñada para los bocadillos de los personajes de los cómics u otros contextos informales o infantiles, pero que se usa desmesuradamente en contextos del todo inadecuados. Todos –médicos, financieros, profesores, restauradores, etc.– somos diseñadores cuando hacemos estas elecciones, cada día. Connare y Jobs son

2. Vincent Connare, «¡Odio la Comic Sans!», VII Congreso Internacional de Tipografía, Valencia, 20 de marzo de 2009.

un símbolo también de la cara oscura de la democratización del diseño y la tipografía.

La memoria, no obstante, puede tener también un efecto contraproducente. Es un arma de doble filo. La memoria te amarra y puede acartonarte. Puedes llegar a convencerte, sobre todo por miedo –o igual con razón–, de que el pasado fue y será siempre mejor. Volverte demasiado rígido. Demasiado académico. En *La condición humana*, la filósofa Hannah Arendt asocia el concepto de *natalidad* –la capacidad del ser humano de comenzar algo nuevo– con la libertad: «El milagro que salva al mundo, a la esfera de los asuntos humanos, de su ruina normal y "natural", es en último término el hecho de la natalidad, en el que se enraíza ontológicamente la facultad de la acción. Dicho con otras palabras, el nacimiento de nuevos hombres y un nuevo comienzo es la acción que son capaces de emprender los humanos por el hecho de haber nacido».[1] En este sentido, se podría considerar que suelen ser siempre los más jóvenes, que aún ignoran las normas que rigen esta profesión nuestra, los

1. Hannah Arendt, *La condición humana*. Barcelona: Paidós, 2009. Traducción de Ramón Gil Novales.

que «permiten el nacimiento de un nuevo comienzo» y los que se presentan con las soluciones más ingeniosas y frescas. Conforme van pasando los años, son solo los más diligentes los que conservan esta capacidad, los que fuerzan con empeño la desobediencia a lo aprendido para dar rienda suelta a la espontaneidad. Un encantador Tibor Kalman contaba en una entrevista que siempre es mejor «tener a un ingenuo al mando de personas que saben muy bien lo que hacen, porque es precisamente quien no lo tiene muy claro quien hará algo innovador».[1] Por eso, decía, a él le gustaba tocar varios palos del diseño y no profundizar demasiado en un solo terreno. Que eso lo debía a su déficit de atención. Quién sabe. Muchísimos diseñadores tenemos ese tipo de tara. A Tibor Kalman lo conoceréis por la portada del histórico álbum de Talking Heads *Remain in Light*, o por la revista *Colors*, de Benetton, o por el inquietante *kerning* (el espacio que hay entre las letras o los caracteres individuales) de los títulos de crédito de *El silencio de los corderos*. Su trabajo no deja espacio a los grises.

1. Tibor Kalman, «The Power of Conversations». *Charlie Rose Conversations* (en línea), 24 de diciembre de 1998. www.charlierose.com/videos/17661

O te obsesiona o lo odias. Kalman y su mujer, Maira, que además era escritora, fundaron M&Co, uno de los estudios más influyentes del siglo XX. En la conferencia «On Walking and Looking and Falling in Love», ella relaciona esa ingenuidad con la de un niño: «El importante trabajo de soñar despierta que hice cuando era niña ha influido muchísimo en mi vida, y es una costumbre que tengo tan intensamente arraigada que da un poco de miedo... En cierto modo, soy una niña y, sin embargo, soy también una adulta que gana dinero: una situación interesante».[1] Y es esta mirada virgen, curiosa e inexperta la que lleva, paradójicamente, a los lugares menos transitados. «Eres más temerario. Más ignorante. Te la juegas más», dice Oscar Tusquets sobre la juventud en una entrevista.[2]

Sin duda, la memoria, igual que la experiencia, dota de fundamento y peso intelectual el trabajo del diseñador, pero no esboza fór-

1. Maira Kalman, «On Walking and Looking and Falling in Love». The Stamps School of Art and Design. Universidad de Michigan, 18 de noviembre de 2015. www.youtube.com/watch?v=voIWTknlC04

2. *Terra fèrtil*, Betevé. Entrevista de Sergi Vicente a Oscar Tusquets, 19 de abril de 2024. https://beteve.cat/terra-fertil/oscar-tusquets-sagrada-familia-consell/

mulas totalmente blindadas para el hoy, porque el contexto lo trastoca todo a su suerte. El diseño, igual que lo ha sido la artesanía a lo largo de los siglos, es el testimonio visual y la memoria de nuestro contexto. El diseño está atado al contexto. Por eso el diseño es memoria. Y por eso el diseño es cultura.

5. La diversidad

Francamente, no me ha dolido nunca tanto cobrar menos que mis compañeros como todas las veces que han contactado conmigo para que hiciera un estilo de diseño «femenino». Cuando leo esas dos palabras juntas me entra una especie de complejo de parásito mal alimentado. En el argot creativo, un «diseño femenino» suele ser lo mismo que decir un «diseño decorativo». Ojo, para mí el ornamento no tiene nada de malo, al contrario. Me refiero a *femenino* y *decorativo* en un sentido de accesorio, con poca consistencia, poco peso. De lo *artesanal* también se suele pensar en los mismos términos.

Por ejemplo, cuando una mujer quería inscribirse en la Bauhaus, a principios del siglo XX, a menudo la instaban a apuntarse a un taller de telares o de cerámica, pues se consideraban disciplinas más adecuadas para ellas. Aun así, algunas consiguieron romper esa barrera. Cuando la brillante arquitecta y diseñadora Charlotte Perriand fue a pedirle trabajo a Le Corbusier (Villa Savoye, casa Curutchet, iglesia de Saint-Pierre), este le enseñó la puerta al tiempo que le soltaba un despectivo «aquí no bordamos cojines».[1] Sin embargo, después de ver sus diseños para el Salón de Otoño de 1927, Le Corbusier reconoció su talento y la contrató. Perriand acabó trabajando en su estudio parisino durante diez años, haciendo aportaciones clave en el diseño de muebles icónicos como la *chaise-longue* LC4 y la butaca LC2.

También es cierto que, hoy en día, al menos en el mundo gráfico, que es el mío, el ornamento se ha banalizado mucho y a cualquier curva descarrilada se la aplaude. Curvas y patrones que espero que los futuros habitantes de esta tierra nuestra, los que vayan a mi museo arqueológico imaginario dentro de unos

1. Rocío Navarro, «Charlotte Perriand: la diseñadora que inventó la república independiente de tu casa antes que Ikea». *El País*, 18 de octubre de 2019. https://elpais.com/elpais/2019/10/14/icon_design/1571049388_702030.html

años, consideren resultado de las prisas y de las ansias de aplausos baratos en las redes sociales. Un jefe que tuve, cuando se enfadaba, le decía refunfuñando al cliente: «¡Las prisas se van y la mierda se queda!». Es muy feo decirlo, pero es así. Con el ornamento no hay prisas que valgan. Si algo requiere es tiempo, por eso hoy en día se hace poco. No es rentable. Menos es más.

Cuando a partir de ahora hable de ornamento, hablaré de Ornamento, como el que logra Marian Bantjes con sus intrincados diseños. El ornamento es un arte muy complicado. No son floripondios abollados. Ni repeticiones desencajadas. Exige muchas horas de práctica, observación, precisión y cabeza. El ornamento es delirio, caos, geometría, matemática, historia y tradición. La misma que nos dejó el modernismo en este país. Hoy, en diseño, el ornamento precipitado es el más abundante. «Eso lo puede hacer cualquiera», dice Bantjes en una entrevista: «Un buen patrón decorativo es como los que hacía William Morris, en los que la matriz es perfecta. Hay que analizar todo el dibujo para encontrar el punto de unión».[1]

1. Alice Twemlow, «Marian Bantjes: Ornamentality». *Eye Magazine*, número 58, invierno de 2005. https://www.eyemagazine.com/feature/article/marian-bantjes-ornamentality

Uno de los padres del ornamento moderno es, precisamente, William Morris. Morris fundó el movimiento Arts and Crafts en plena Revolución industrial. Un movimiento a favor del ornamento y de la artesanía en una campaña no solo para restaurar la dignidad y el sentido del trabajo y para reintegrar el arte en el centro de la vida, sino también para recuperar unos valores que entonces ya se interpretaban como femeninos y, por tanto, la sociedad victoriana menospreciaba. Valores que hoy también andan de capa caída.

Y el número de mujeres que se dedican a hacer y a pensar diseño es altísimo, pero solo unas pocas han obtenido reconocimiento a lo largo de la historia. No porque no haya. «Soy una mujer extraordinaria, desde siempre, aunque ninguno de vosotros pareciera creerlo.» Lo dijo bien claro la propia hija y discípula de William Morris, May Morris, en una carta a su amante George Bernard Shaw.[1] Y es que resulta que uno de los diseños más exquisitos que hizo estando en la empresa Morris & Co se atri-

1. Rebeka Cohen, «May Morris: A Remarkable Woman». Thames & Hudson, 21 de septiembre de 2017. Carta a su examante, George Bernard Shaw, de 1936. www.thamesandhudson.com/news/may-morris-a-remarkable-woman/

buyó históricamente a su padre. La consecuencia más grave de todo ello es la falta de referentes para la gente que empieza. Cuando una no se ve reflejada en nada que le resulte familiar es una pizca más difícil proyectar el futuro. Cuando encuentras a un semejante recibes de manera subliminal el mensaje de «si yo he podido, tú podrás».

Sin embargo, a poco que escarbemos en la historia del diseño, que además es bastante corta, encontramos muchas mujeres como May Morris. La mayoría a menudo camufladas a la sombra pesada de sus socios y compañeros de vida. Hay tantos ejemplos que darían para un libro entero. Sin ir más lejos, ¿qué pasa con el nombre de Lella Vignelli? Yo misma tuve la suerte de conocer en persona a Massimo Vignelli en verano de 2012 en la maravillosa casa de Alberto Campo Baeza en Nueva York y me avergüenza admitir que no recuerdo si estaba ella. En 2013, poco antes de morir, Massimo escribió *Designed by: Lella Vignelli*, una carta de amor de noventa y seis páginas y un compendio de las innumerables contribuciones no acreditadas de su mujer al diseño moderno: «Durante décadas, la contribución de las mujeres arquitectas o diseñadoras que trabajaban con su marido o compañero apenas se reconocía... Lella y yo nos vimos afectados por ese hábito al inicio de nuestra carrera. De ahí que construyéramos a propósito una marca conjunta, pero a los demás les llevó su tiempo verlo y entenderlo. Las publicaciones de arquitectura y diseño tenían la mala costumbre de acreditar solo a los hombres y olvidarse de sus parejas». Y sigue: «Todo ello creaba un paisaje constante de vergüenza y frustración, hasta el punto de que llegué a tirar alguna revista para evitar enfrentamientos desagradables con Lella».[1]

Triste. Pensemos que los Vignelli ejercieron una influencia tremenda y ayudaron a definir el diseño moderno en los Estados Unidos. Su creación más popular es quizá la señalización del metro de la ciudad de Nueva York o el icónico Hellerware Rainbow Dinnerware.

En este sentido, tenemos también a los Eames, que revolucionaron el mundo del diseño industrial, la arquitectura y las artes plásticas. Entre sus diseños más reconocidos está la Eames Lounge Chair y la Eames Dining Chair. Basta ver el documental *Eames. The Architect*

1. Massimo Vignelli, *Designed by: Lella Vignelli*. Nueva York: Rochester Institute of Technology, 2013.

and the Painter para que se te caiga el alma a los pies. [1] Ray recibió gran parte del reconocimiento que merecía después de muerta. Y así podríamos seguir durante páginas y páginas. Esto es importante por lo que decía de los referentes. Deberíamos desempolvar la historia de todos esos estudios en los que las mujeres funcionaban también, al parecer, como un ornamento inútil.

En Occidente, no obstante, el hacer, la artesanía, el ornamento en minúsculas no solo se han asociado con lo femenino sino también con todo lo que no provenía de personas blancas. Incluso el influyente padre de la arquitectura moderna, Adolf Loos (*Ornamento y delito*, casa Loos, casa Rufer), hablaba en un artículo del ornamento como de una cuestión de «evolución» desde una visión marcadamente racista: «Cuanto más bajo es el nivel cultural de un pueblo, más derrochador es con el ornamento y la decoración. El indio recubre cada objeto, cada barca, cada remo, cada flecha, con capas y capas de ornamentos».[2]

1. Jason Cohn y Bill Jersey, *Eames. The Architect and the Painter* (documental). Estados Unidos, 2011.
2. Adolf Loos, «Der Luxusfuhrwerk», en *Ins leere gesprochen. 1897-1900*. Berlín: Verlag Der Sturm, 1921.

Por ello, pocos diseñadores como Virgil Abloh dejan una huella tan profunda. Arquitecto de formación e hijo de inmigrantes ghaneses –su madre era costurera y le enseñó los trucos del oficio siendo él muy joven–, Abloh fue director artístico de Louis Vuitton, colaboró con Nike, creó la marca Off-White y encabezó diferentes iniciativas que apadrinaban a jóvenes racializados. Según *The Wall Street Journal*, alcanzó una fama mundial insólita para un diseñador, y, según la BBC, fue una gran figura inspiradora. Si bien el panorama es cada vez más diverso, historias como la suya siguen siendo aún demasiado excepcionales.

Y aquí es donde empieza a asomar la última de las observaciones que haré en este capítulo: la de la falta de diversidad económica entre los creadores.

Pienso en cómo Rick Poynor relataba en una conferencia que los diseñadores estamos en la cúspide de la pirámide de Maslow.[1] Todos aspiramos a satisfacer las necesidades superiores de la pirámide, pero solo podemos atenderlas cuando ya hemos satisfecho las inferiores:

1. Rick Poynor, «The Enduring Power of the Auditory Image». http://www.whatdesigncando.com/talks/rick-poynor-what-design-can-do-2016/

las necesidades fisiológicas básicas, las de seguridad y protección, las sociales, las de afecto y, por último, las de autorrealización. Conforme se van satisfaciendo las necesidades más básicas, se van desarrollando las necesidades y deseos más elevados en la pirámide, que son también menos necesarios. No es casualidad que el diseño sea cosa, sobre todo, de los países con mejor situación económica. Y el empobrecimiento progresivo de la clase media de las primeras potencias mundiales no hace sino reforzar esta teoría. Scott Timberg lo explicaba muy bien en su libro *Culture Crash. The Killing of the Creative Class*. La degradación, la homogeneización y la precarización que la masa creativa y la cultura padecen demuestran que están siendo castigadas por el capitalismo más salvaje: «Pese al mito romántico, la mayoría de los artistas y otros trabajadores del mundo de la cultura proceden de la clase media y confían en volver a ella tras unos años de lucha y vida precaria».[1] Son precisamente esa inestabilidad y esa presión sostenida lo que hace que sea más fácil que aguanten los que provienen de con-

1. Scott Timberg, *Culture Crash. The Killing of the Creative Class*. New Haven: Yale University Press, 2016.

textos más acomodados. Remedios Zafra nos recuerda en *El entusiasmo* que la asociación no es casual: «Si el poder en Occidente tuviera voz, habría sido un eco que atravesaría el pasado: "No es bueno que los pobres creen". No lo es porque la creación es movilizada por el conocimiento, el conocimiento genera conciencia, y la conciencia es pregunta que interpela: ¡eh, tú, por qué tienes tanto y yo nada!».[1]

Fomentar un sector cultural amplio mejora la sociedad y la democracia del mismo modo que mejora a una clase media fuerte y formada. Y es una ironía más, pero los creadores, los pensadores suelen tener más margen para desarrollarse en épocas de prosperidad. Y esta nuestra parece que quiera darse la vuelta como un calcetín para devorarse a sí misma.

1. Remedios Zafra, *El entusiasmo*. Barcelona: Anagrama, 2017.

6. La atemporalidad

Sería a finales de la década de 1950. No sé en qué año exactamente. Después de la repentina muerte de su marido justo después de casarse, Mei, mi tía, se fue una temporada a Nueva York a estudiar mientras trabajaba de *au pair* para una familia de Barcelona. Cuando volvió, hizo que le mandasen por barco una nevera llena de libros. Más adelante, abrió una librería en la calle Balmes, la Harvard –que vendió y se convirtió en lo que ahora es un estanco–. La nevera era un modelo de la General Electric que combinaba frigorífico y congelador en un único aparato –una revolución doméstica en esa época–, con bombilla interior, control de temperatura y compartimentos para productos como la mantequilla o los huevos.

Tenía un diseño robusto y elegante, con una línea limpia que incluía una manilla alargada y cromada. La nevera en cuestión no solo sobrevivió a un viaje intercontinental en barco repleta de libros, sino que también sobrevivió a la propia tía Mei, que murió al cabo de unos treinta años. Entonces, como vivían juntas, la nevera pasó a manos de su hermana, la tía Anna, que la usó durante otros catorce años, hasta que me fui a vivir por mi cuenta cuando aún estudiaba y me la regaló. «Es una pieza de diseño clásico», me dijo. Esa pequeña nevera nos alimentó y acompañó a las tres durante más de cincuenta años. Y no falló ni un solo día. Finalmente, cuando me cambié de piso en 2009, y con las facturas de la luz en la mano, decidí quitarle el motor y convertirla de nuevo en estantería para volver a rellenarla de libros, como ya había hecho tía Mei medio siglo antes al regresar de Nueva York.

Eso ahora sería imposible, al menos con productos como ese. Las marañas de intereses trenzados y retorcidos de los fabricantes se entrelazan precisamente para alcanzar el objetivo contrario: garantizarnos que los productos tengan una muerte prematura. Una eutanasia programada. Casi exacta. Todo este desperdicio de recursos, la zafia destrucción permanente de la naturaleza en la que vivimos inmersos, tiene como finalidad producir más para vender, en definitiva, más.

Sin embargo, la atemporalidad es un tema que nos obsesiona absolutamente a todos los diseñadores. Y en general, y como es natural, a ningún diseñador le gusta que el cliente insista en trabajar con materiales de baja calidad, que contaminan o que se han fabricado en países con unas condiciones cuestionables. No hace falta que parta de un gesto noble, puede incluso ser por pura petulancia: la labor del diseñador está tan ligada a la economía como al ego, y diseñar un producto que perdure significa ser más sostenible en el tiempo, en todos los sentidos. También en el personal. Es nuestra piedra filosofal. La de todos los diseñadores. Eso sí, una vez que tenemos un buen producto, ¿podemos llegar a ser atemporales en un mundo hipertemporal?

Bruno Munari intentaba poner orden en el tema separando la definición de diseñador proyectista de la de diseñador estilista. El estilista concibe para el consumo rápido de los objetos, mientras que el proyectista no. El diseñador proyectista pretende que su pieza se prolongue en el tiempo. Al estilista le interesa la caducidad, el tiempo breve. Introduce la noción de moda en el proyecto, una noción que es maleable e inestable. El proyectista busca un consumo más lento. «El estilista, por tanto, actúa por contraste: antes se empleaban las formas curvas, ahora se emplean las formas cuadradas.»[1]

Las modas son la obsolescencia programada que los diseñadores dominan mejor. También pueden ser justo el veneno que los aniquile. Así que, *a priori*, nadie con dos dedos de frente querría caer en la categoría de estilista. Pero ¿podemos ser totalmente impermeables a las modas? ¿A nuestro entorno? ¿Hay un tipo de diseñador puro al que no le afecte nada de nada? Todas estas preguntas alimentan las discusiones más encarnizadas entre nosotros y causan contradicciones accidentales y divertidas. «El papel de la moda es transitorio, el papel de la ropa es permanente. En general, nuestros diseños serán más interesantes a largo plazo que a corto», dice Massimo Vignelli, matizando a Lella, su mujer y colaboradora, cuando esta confiesa que le gustaría trabajar

1. Bruno Munari, *op. cit.*

para el sector de la moda.[1] Si el diseño es el testimonio visual del contexto, no es impermeable a él. Muchos, no obstante, son capaces de llevar el individualismo a unos extremos casi grotescos. «Uno es hijo de su tiempo y de eso no puede escapar», decía el neerlandés Wim Crouwel (Gridnik, New Alphabet, Stedelijk Museum).[2]

Si la belleza es estilo, relacionamos la neutralidad con la ausencia de estilo. Y la neutralidad no tiene sustancia propia. Por eso el diseño atemporal no tiene nada que ver con un diseño neutro. No se debe confundir con el silencio o la atonía o el vacío. Un objeto que no emociona, que no posiciona, que no tensa solo puede perdurar en el olvido.

Un diseño neutro apuesta todas las fichas a la funcionalidad. Pero un diseño atemporal lo es a pesar de su estilo. Por eso el logo de la Coca-Cola, que no tiene absolutamente nada de neutro, es un ejemplo de diseño atemporal. Tampoco son neutras una Vespa, ni una lám-

1. «Interior Design: The New Freedom». Entrevista de Barbaralee Diamonstein-Spielvogel a Massimo y Lella Vignelli, 21 de julio de 1981. https://www.youtube.com/watch?v=AFJReFZFEIw

2. Gary Hustwit, *op. cit.*

para Cestita, ni una silla Thonet, ni una damajuana, ni una columna griega. Y no hay ninguna fórmula mágica para alcanzarlo, porque en eso interviene el arte.

Un diseño atemporal lo es también pese al medio. Hay productos que deberían perdurar –como la nevera– y productos que no. Pongamos por caso los carteles. El cartel es un artefacto hecho para ser disparado a la calle en un momento muy concreto del tiempo. Ni antes ni después. ¿Es preciso buscar la atemporalidad en un producto con vocación temporal? Yo francamente creo que no. Aun así, un cartel, si está bien hecho, se puede convertir en un clásico atemporal. Diseñadores como Ethel Reed, Cassandre, Bonnie MacLean, Shigeo Fukuda, Reza Abedini o Anna Kulachek lo demuestran. El cartel es un arte asequible para todos. Es la culminación del arte democratizado.

Un diseño atemporal es lo que denominamos un diseño clásico. Es el mismo diseño clásico al que aludía mi tía Anna al referirse a la nevera que me regaló. Lo es porque utiliza materiales duraderos. Es sostenible, también en el tiempo. Lo es pese a las modas. Se siente en el estómago y se deja digerir con lentitud.

Funciona. Es cabeza y también entrañas. Trasciende generaciones, cultura y tiempo. «En cierto modo, se puede argumentar que el valor estético, al menos para un diseño duradero, es el único valor perdurable, pues con el paso del tiempo las necesidades funcionales pueden cambiar y el mercado pasa al objetivo siguiente», explica Michael Bierut (Pentagram, *How to use graphic design to sell things, explain things, make things look better, make people laugh, make people cry, and every once in a while change the world*) en una entrevista con Rick Poynor.[1] Y lo es, incluso, pese a que se le haya arrebatado su función principal, como pasó con mi nevera. Porque un diseño atemporal lo es también en reposo, como una lámpara cuando no está encendida.

1. Rick Poynor, *Why Graphic Culture Matters. Essays, Polemics and Proposals about Art, Design and Visual Communication, op. cit.*

7. El orden

Mi madre, si no hubiera nacido en 1940 en Manresa, ahora sería la CEO de una gran multinacional. O presidenta del Gobierno. Pero era enfermera –instrumentista–. No conozco a nadie con una personalidad tan fuerte y wagneriana –a mis trece años ya me arrastró a ver *Tristán e Isolda*– y un talento tan grande para el orden y la racionalización del ahorro. Mi madre es extremadamente germánica y extremadamente latina. Un espécimen raro ante el cual es difícil mostrarse indiferente. En casa nunca nos ha faltado de nada, más bien al contrario, pero aun así no nos educaron en la abundancia. Hasta que tuve ocho o nueve años usé ropa heredada de mis hermanos –la mayor me lleva quince años– en un estado impecable. Eso se traduce en el hecho de que a finales de los ochenta iba al colegio con camisas de flores de puños y cuello enormes y con pantalones de pana acampanados. Los pañuelos, de tela. Las servilletas, de tela. Si la calefacción está encendida y tienes frío, ponte un jersey. No hay que lavarlos mucho, que se estropean. Bien guardados, que no se llenen de polvo. Las formas. La educación. El hablar bien. En La Sala, la masía donde pasábamos los días calurosos de la vendimia, había un azulejo justo en el medio del patio, que debieron de poner mis bisabuelos vete a saber cuándo, que decía: «Por vuestra propia dignidad y respeto, ¡no maldigáis!». Y dentro, un cuadro viejo en el que ponía: «Un sitio para cada cosa y una cosa para cada sitio». Mi madre, aparte de estas anécdotas formales, fue también capaz de desordenar el mismísimo orden y de ese modo nos reordenó la vida poniendo fin a un matrimonio ya desbaratado que había durado un cuarto de siglo: se separó de mi padre en una época en la que todavía estaba muy mal visto y en mi pueblo, Vilafranca, casi nadie lo hacía.

Una vez soñé que ordenaba los elementos de una página como si fueran objetos: los titulares, los saltos de línea, las viudas, las imágenes. Me movía dentro de la página y lo disponía todo en un orden perfectamente marikondiano, como si estuviera en el comedor de casa. El orden es el *comfort food* de los diseñadores. Las alineaciones, las retículas, las simetrías, las justificaciones, las proporciones. Sin embargo el orden, en diseño, como en la vida misma, no tiene nada que ver con eso. El orden no es una formalidad vacía.

El orden rebrota de las profundidades. Porque el orden es fondo. Tiene las raíces tan hondas que puede trastocar el propio orden establecido. Y, en este sentido, el orden es desorden. Un desorden desbocado y furioso. Los diseñadores buscamos la perfección en este mundo imperfecto, mirándonos precisamente, como en un espejo, en el desorden universal. «Las bacterias que tratan de evitar que los antibióticos las aniquilen, los tumores cancerosos que se recuperan con más agresividad de la radio o la hemoterapia, todos ellos aprovechan el desorden para generar un orden nuevo. La simetría más bella, si se quiere, es justo la simetría entre el orden y el desorden. Eso, desde mi punto de vista, es el *yin* y el *yang* del universo. Y cuando vivimos al límite somos muy creativos. Preguntaos cómo pudo Beethoven subvertir las reglas de la música. Preguntaos cómo pudo Picasso subvertir las reglas del arte. Vivían al límite entre el orden y el desorden. Y los que lo hemos hecho sabemos que es fantástico», cuenta el fisiólogo y biólogo Denis Noble en un debate sobre belleza y ciencia en el Institute of Art and Ideas.[1] Diseñar es, como diría Mishima, *ordre i aventura*.

A alguno le podrá parecer excesivo, pero este orden desenfrenado y valiente, en diseño, suele brotar en un contexto de libertad, lo mismo que el divorcio, y de cierta seguridad económica. Cuando decidí estudiar la carrera de Diseño, no me preocupaba lo más mínimo si era una profesión que me iba a permitir vivir tranquila o no. Pensé que ya me las apañaría, que seguro que Bellas Artes sería peor. Fue mi hermano mayor quien me advirtió que la profesión daba lo justo. Por eso empecé Psicología, totalmente resuelta a acabar las dos carre-

1. Denis Noble, Suchitra Sebastian y George Ellis, «Will Beauty Lead Science Astray?» (debate). Institute of Arts and Ideas, 29 de febrero de 2024. https://iai.tv/video/beauty-and-the-meaning-of-life?utm_source=YouTube&utm_medium=description

ras y así, si en el diseño no me iba bien, tendría donde caerme muerta. Todo eso fue idea de Pau, que es trece años mayor que yo y también bastante más espabilado. A John Maeda lo previno Paul Rand (IBM, ABC, Next). Un joven Maeda le pidió consejo a un ya legendario Rand y este, en un inesperado giro de guión y con una firmeza pétrea, le dijo: «Gana mucha pasta».[1]

Como es natural, Maeda se quedó chafadísimo al oír ese consejo tan poco inspirador –debo decir que Rand debía de ser un tanto aguafiestas, como esa madre que siempre las ve venir de lejos–, pero complementó los estudios de Ciencias de la Computación y de Diseño con un MBA que le proporcionó la visión empresarial que le faltaba como diseñador. Así, John Maeda, además de ser un gran diseñador (Rhode Island School of Design, MIT Media Lab, Sonos, Automattic, Microsoft), ha acabado formando parte de las empresas y universidades más influyentes del planeta, y también las ha transformado.

1. Shaunacy Ferro, «Ex-RISD President John Maeda: "Money Is Quite Useful, Actually"». *Fast Company* (en línea), 15 de octubre de 2014. https://www.fastcompany.com/3036833/ex-risd-president-john-maeda-to-designers-make-lots-of-money?utm_source=chatgpt.com

Para los diseñadores, el dinero suele ser el elefante en la habitación. Es un tema incómodo. Para mí también. Desde la universidad ya vamos dándole la espalda al negocio. Muchas veces me he preguntado cuántos de los que coincidimos en la universidad privada en la que estudié Diseño seríamos capaces, mañana, de pagar una formación similar a nuestros hijos. ¿Qué lógica tiene una universidad que a menudo forma profesionales brillantes, pero que los deja sin herramientas para gestionar su futuro económico? El sistema es mucho más listo que nosotros y se alimenta de masticar nuestras ilusiones: «Si este sujeto apostara por iniciar el largo camino hacia un trabajo intelectual en el ámbito académico, creativo o cultural, pronto descubriría que su entusiasmo puede emplearse como argumento para legitimar su explotación [...] o su apagamiento crítico, conformándose con dedicarse gratis a algo que orbita alrededor de la vocación, invirtiendo en un futuro que se aleja con el tiempo, o cobrando de otra manera (inmaterial), pongamos con experiencia, visibilidad, afecto, reconocimiento, seguidores y *likes* que alimenten mínimamente su vanidad», escribe una magnífica Remedios Zafra en *El entusiasmo*.[1] Este entusiasmo es, para muchos diseñadores, el motor de su trabajo.

Por otro lado, la verdad es que, en general, somos unos completos analfabetos de las finanzas. Y muchos somos unas almas de cántaro. El miedo tampoco ayuda. Miedo a perder cuatro miserables migajas. Sin embargo, la realidad es que, a mayor capacidad económica, mayor capacidad para arriesgar, desordenar, volver a ordenar, y para hacer un trabajo mejor. Es un equilibrio muy delicado. Sin estabilidad económica la libertad creativa se debilita. Y lo más curioso es que casi siempre, cuanto más recalcamos nuestro valor económico, cuanto más nítidos son los límites que ponemos, más respeto recibimos –eso me lo enseñaron mis agentes norteamericanos, y diría que se puede aplicar a muchas otras cosas en la vida–. Ojalá se incidiera más en las universidades en la enorme importancia que tiene que no regalemos nuestro tiempo. Que seamos más cuidadosos con nuestros recursos. En la importancia que tiene también ser buenos empresarios y buenos gestores para que podamos, entre todos, crecer.

1. Remedios Zafra, *op. cit.*

8. La herramienta

Un día, cuando hacía prácticas en una agencia de publicidad, se me cayó el café. Se me derramó encima del teclado. Era un teclado blanco y transparente, sin una brizna de polvo entre las teclas, de Apple, nuevo. Me quedé paralizada mirándolo angustiadísima. Hice el gesto rápido con el pulgar y el índice. Cmd+Z, por favor. Apreté puños y dientes con fuerza.

Accidentes como este, en el mundo virtual, le pasan a cualquiera. Por eso la mayoría somos adictos al «deshacer». Esa realidad me la plantificó sobre el papel y en toda la cara la caligrafía. La gracia de trabajar con las manos –las desgracias ya las sabemos todos– es que ante un accidente, ante una miserable mancha de tinta sobre el papel, no te queda otra que armarte de valor y pensar en una solución alternativa que incorpore el error o actuar con humildad, tragarte el sapo y volver a empezar. Cuando se trabaja manualmente, durante el proceso creativo, no se puede seguir una narrativa en línea perfectamente recta. El error te va dirigiendo y te lleva hacia lugares desconocidos. Son los *happy accidents*. Unas veces mejores, otras peores. Diferentes. Por eso me gusta tanto la caligrafía –aunque no la ejerzo como profesional–. Te entrena para convivir con el error que tan repetida e inconscientemente sorteas en el mundo digital.

Porque el error no siempre tiene carácter destructivo. Pero el sistema está hecho para esquivar el conflicto. Esquivar el conflicto para volver a producir con más rapidez. Lo decía la sexta de las *Ten Rules for Students and Teachers*: «Los errores no existen». Esa lista la popularizaron John Cage y Merce Cunningham, aunque en realidad la elaboró la extraordinaria, peculiar y poco reconocida diseñadora Corita [*That They May Have Life (Enriched Bread), Heroes and Sheroes*]. La escribió siendo aún *sister* Mary Corita, bautizada por la prensa como «la monja del Pop Art». Sí, Corita fue monja, profesora de Arte en el Immaculate Heart College (por donde también pasaron Alfred Hitchcock, John Cage, Saul Bass, Buckminster Fuller y Charles & Ray Eames) y una de las diseñadoras con la obra más fresca y atractiva de su época. Todo a la vez.[1]

Si el proceso creativo fuera un viaje –se equipararían en cuanto proceso, no en cuanto fin–, el avión sería al viajero lo que las herramientas digitales serían al diseñador. Las herramientas han venido a ayudarnos. Nos ahorran tiempo. Son transformadoras. Con las herramientas logramos hacer cosas antes inimaginables. Y son democratizadoras. Pero, aun siendo fabulosas, viajar en avión sin ver por dónde vamos nos puede alejar peligrosamente del oficio y hacernos olvidar la importancia del tiempo, del deambular, del observar y del proyectar. «Hoy todo el mundo aspira a viajar en avión. El avión es un artefacto maravilloso, típico de la época de ignorancia progresiva en la que vivimos. Viajar en avión quiere decir, literalmente, no ver nada. Uno viaja cientos, miles de kilómetros, sin ver nada concreto. ¿Puede haber algo más característico del

1. Corita Kent y Jan Steward, *Learning by Heart. Teachings to Free the Creative Spirit*. Nueva York: Bantam Books, 1992.

tiempo en el que vivimos, tan peligroso e incierto, emanación directa de unos miles de cretinos que viajan sin ver nada?», dice Josep Pla en *Els pagesos*.[1]

El diseñador puede hacer como el turista, que se interna en terrenos desconocidos con una mirada peligrosamente superficial y epidérmica. «[...] donde el individuo se siente espectador sin que la naturaleza del espectáculo le importe verdaderamente. Como si la posición de espectador constituyese lo esencial del espectáculo, como si, en definitiva, el espectador en posición de espectador fuera para sí mismo su propio espectáculo», dice el antropólogo Marc Augé en *Los no lugares*.[2] Centenares, miles de diseñadores-turistas en el planeta adquirimos cada día paquetes turísticos que nos llevan exactamente a la misma tierra prometida de la foto del folleto, que a menudo proporcionan las redes sociales, sin tener ni la menor idea de qué hacemos ni de dónde estamos. Es una manera de diseñar libre de riesgo

1. Josep Pla, *Els pagesos*. Barcelona: Editorial Selecta, 1952.

2. Marc Augé, *Los no lugares. Espacios del anonimato: Una antropología de la sobremodernidad*. Barcelona: Editorial Gedisa, 2017. Traducción de Margarita Mizraji.

y la más rentable, porque es la más rápida y no requiere tiempo para pensar.

El otro día, por ejemplo, en un congreso, durante mi conferencia, un señor se sentó justo delante del atril. Había acudido en representación de una de las principales empresas de software creativo, conocida por su dominio casi absoluto en el mercado del diseño, para dar una clase magistral sobre sus productos. El señor, como os contaba, estaba sentado delante de mí mientras yo hablaba de mi trabajo. Tenía un portátil negro apoyado en las piernas, que miraba concentrado. Pude conocerlo después en persona, en el intermedio. Era un comercial. Me comentó que, después de haber escuchado mi presentación, había decidido hacer unos pequeños cambios en su clase magistral. El señor subió al escenario y empezó a desplegar sus palabras.

Lo que pasó, en resumen, es que, para presentar su nuevo programa de inteligencia artificial, utilizó uno de mis proyectos. Uno que acababa de exponer yo en el escenario hacía apenas unos minutos. Ahora os enseñaré cómo replicar el proyecto que nos acaba de desarrollar Marta Cerdà en un instante, con nuestra nueva IA. No creáis que fue capaz de replicarlo con mucha gracia. No. Tampoco creáis que el proyecto mío de marras era una pintura al óleo. Ni original. No. Yo también lo había hecho con una IA. El pecado era que lo había hecho con el software de otra empresa. Y allí, hundida en la butaca como un insecto aplastado por un animal de proporciones colosales, me llegó el mensaje muy nítido y claro: el día que puedan, nos comerán con patatas y, relamiéndose, soltarán un eructito.

La herramienta tecnológica es tan fácil, tan amplia, tan agradecida, tiene tantos alicientes y te ahorra tanto tiempo que, si no fuerzas una mirada curiosa, te quedas flotando tan plácida en la superficie sin tener que mojarte ni gota. Todos hemos caído en la trampa más veces de las que nos gustaría admitir. Si además no somos conscientes de ello, lo hacemos con la dulce autocomplacencia del ignorante, que espera, ufano, recibir unos cuantos *likes* en las redes –sí, los diseñadores tendemos empedernidamente a la fanfarronería–. Y con cada *like*, nuestro cerebro libera dopamina, experiencia tan adictiva que nos refuerza la repetición. Así es como, poco a poco, el diseño se va quedando atrapado en este bucle infinito al que llevan las redes sociales y las herramientas tecnológicas, que son las mismas en todo el mundo.

No es fácil. Para nadie. A mí el mejor consejo para vacunarme contra los *likes* e ir a mi aire me lo dio, contra todo pronóstico, mi padre. Cuando vio uno de los primeros esbozos que hice para la estampa de Sant Fèlix, para las fiestas de mi pueblo, primero se rió. Después estuvo un rato en silencio y, por fin, cuando ya me tenía un tanto nerviosa, me dio un consejo que me ha acompañado con gracia hasta el día de hoy. Me dijo algo así como: «Haz lo que tú creas conveniente, porque, hagas lo que hagas, siempre habrá quien lo critique». Y me lancé. La estampa de Sant Fèlix es un tema aparte. De la estampa se encarga cada año un artista diferente desde el siglo XIX. Cada año, salvo ocasiones excepcionales, como durante la Guerra Civil. Es un icono intocable para nosotros, *els vilafranquins*. Trabajo a menudo en campañas grandes, de enorme exposición, pero lo curioso es que la presión interna que sentí con la estampa de Sant Fèlix de Vilafranca, a pesar de que en ese momento vivía a diez mil kilómetros de allí y de que soy agnóstica de la cabeza a los pies, no la había sentido nunca. Por si los que sois de ciudad no lo sabéis, los que somos de pueblo ya estábamos acostumbrados a las presiones colectivas más terroríficamente asfixiantes mucho antes de que existieran las redes sociales.

Por desgracia, los *likes* en las redes van mucho más allá del ego. Ya lo advertía el artista Hito Steyerl: «Ser invisible puede ser letal».[1] El diseñador de hoy debe tener una buena presencia social para darse a conocer: las grandes marcas ya hace muchos años que, cuando quieren trabajar con un diseñador, antes se lanzan como buitres sobre sus perfiles sociales para saber cuál es su potencial difusor en las redes –una de las funciones del diseñador es también la de altavoz digital–. Esas funciones tienen poca repercusión en el diseño en sí, pero son hoy muy importantes en la profesión. «Demasiadas obras de calidad se convierten en árboles caídos en un bosque desierto, y cada artista, sea cual sea su temperamento, debe convertirse en su productor, promotor y publicista», dice Scott Timberg.[2] Hoy, un diseñador o estudio o agencia que no mantenga una presencia constante

1. Hito Steyerl, *How Not to Be Seen: A Fucking Didactic Educational .MOV File*. Committee on Media and Performance Art Funds, 2013.

2. Scott Timberg, *op. cit.*

en las redes es una *rara avis* con una supervivencia peligrosamente limitada.

Un día que mi madre quería convencerme para que me apuntara a alemán, francés o inglés –ya no me acuerdo–, me advirtió que las lenguas son como ventanas que se te abren al mundo. Nuestras herramientas también son como los idiomas: nos sirven a los diseñadores para ver el mundo desde muchas perspectivas y descubrir otras realidades, otros matices que antes nos eran invisibles. El diseñador necesita la herramienta para existir. Sin embargo, algunos aseguran que la IAG (inteligencia artificial general) dejará pronto de ser solo una idea. Que la tecnología podría dejar de ser una herramienta para los diseñadores, creadores y profesionales heterogéneos de este planeta. Y me hace sospechar que el futuro, o quien esté detrás de él, insista tanto en no dejarnos proyectar un mañana demasiado digno. Cuando oigo eso, me resuenan las palabras de Martin Heidegger: «Mientras concibamos la tecnología como un instrumento, estaremos atados a la voluntad de dominarla».[1]

1. Martin Heidegger, *The Question Concerning Technology and Other Essays*. Nueva York y Londres: Garland Publishing, 1977.

Recuerdo que un día, cuando era pequeña, curioseando en el desván de La Sala –la masía del azulejo–, me encontré un libro de 1806 de un tal Agustín Roca Cerdá, un hermano del tatarabuelo de mi padre, o algo así. Me impresionó mucho tener en las manos un libro tan antiguo, que además era de alguien con quien compartía cierto parentesco. Era un pequeño diccionario catalán-castellano de términos relacionados con la abogacía –en casa la mayoría se ha dedicado a las leyes–. En el prólogo hablaba de «la necesidad de tener que entender, y trasladar al castellano, muchas de aquellas voces que murieron con nuestros abuelos catalanes».[1] Doscientos años después y contra su diagnóstico, he escrito este libro en la lengua, la herramienta, que aquel señor que no sé muy bien quién era decía creer muerta. Y os seré sincera: a ratos, mientras escribo estas páginas, también me he preguntado si no estaría haciendo mi propio diccionario diseñador-no diseñador, en el momento que algunos ven como el ocaso de nuestro oficio. Sería, como mínimo, una casualidad. Hoy, sin embargo, la

1. Agustín Antonio Roca y Cerdá, *Diccionario manual de la lengua catalana y castellana*. Barcelona: Compañía de Jordi, Roca y Gaspar, 1806.

creación de *prompts* evocadores y la integración de la IA con otras herramientas se está afianzando como una industria artesanal por derecho propio, con gente como Paul Octavious (Loewe, *Bed of Lettuce*), Josue Ibañez (Tiffany & Co, Solstici) o Khyati Trehan (*Affection*, Visualising AI). Yo misma pude comprobar que el proceso no era tan diferente cuando diseñé una de las primeras portadas tipográficas hechas de manera íntegra con IA (en un número del *Magazine* de *La Vanguardia* que se publicó el 31 de diciembre de 2022): para llegar a la imagen definitiva, tuve que descartar un total de 6.700. Y fue el mismo viaje terrible y maravilloso de siempre.

9. Las contradicciones

Muchos diseñadores compramos vinilos como si fueran carteles que se pueden escuchar. Y para olerlos. No hay nada como poder tocar y oler las cosas. En casa siempre ha habido sitio para los vinilos, en especial para los del sello Blue Note. Reid Miles traduce el compás rítmico del jazz al papel como Miles Davis a la trompeta. Las fotografías, los ángulos, el blanco y el negro. Las sombras y sus formas abstractas. El color azul, sobreimpreso. El rojo. La asimetría, las masas de color que fluyen arriba y abajo sobre el papel, la tipografía rencontrada como un elemento gráfico más. El ritmo.

Reid Miles fue el diseñador del sello Blue Note entre la década de 1950 y la de 1960. Tenía un discurso visual tan bien trabado que hoy todo el mundo sabe cuándo está delante de un buen disco de jazz sin siquiera tener que leer el nombre del artista. El primer disco que diseñó Miles fue *Milt Jackson and the Thelonious Monk Quintet* (también conocido como *BLP 1509*). A continuación vinieron otros quinientos, en un intervalo de quince años. También trabajó a menudo en estrecha colaboración con un joven Andy Warhol. Uno de los resultados más conocidos de ese idilio es la carátula de *The Congregation* de Johnny Griffin.

Lo más curioso de todo esto es que a Reid Miles ni siquiera le gustaba el jazz. Dicen que les regalaba los discos de Blue Note a sus amigos, o los cambiaba en tiendas de segunda mano por álbumes de música clásica. Vaya genio.[1]

Quizá fue precisamente esa distancia espiritual lo que le ayudó a digerir el jazz sin interferencias emocionales. Quién sabe. En mi experiencia, cuanto más personal es lo que he diseñado, más difícil se me ha hecho terminarlo. Y empezarlo. Se confunden los sentimien-

1. Creative Bloq Staff, «Design Icon: Blue Note». Creative Bloq, 20 de diciembre de 2005. https://www.creativebloq.com/computer-arts/design-icon-blue-note-12059819

tos y las decisiones se embrollan. Se vuelven más complicadas de tomar. El diseño requiere cierta objetividad y, cuando te tensa, por el lado que sea, resulta un pelín más difícil. Eso no quiere decir que no se pueda o no se tenga que hacer. O que el resultado sea peor. Al contrario. En teoría, sin embargo, un buen diseñador tendría que ser capaz de distanciarse en cualquier trabajo. Somos traductores visuales, y nuestra responsabilidad radica en la propia traducción, no en el objeto que traducimos.

A los diseñadores se nos pregunta a menudo por qué trabajamos con ciertos clientes o con ciertos proyectos, si nos gusta o no el producto, cómo nos posicionamos con respecto a él y cuáles son nuestros valores en contraposición al otro. Cuando a Pablo Delcán, colaborador habitual de *The New York Times*, en una entrevista en *Fast Company*, le preguntan si ha llegado a rechazar ilustrar algún artículo por no estar de acuerdo con él, contesta: «Estoy convencido de que los argumentos que se oponen a mis opiniones deben existir y deben abordarse». Y continúa: «No soy de los que necesitan distanciarse de los puntos de vista que no coinciden con los suyos. Si acaso, necesito entenderlos mejor para así reforzar mis opiniones».[1] El diseñador vive en sus contradicciones.

Sin embargo, el conflicto puede crear contrastes éticos más acusados. Dicen de Charles Saatchi –multimillonario controvertido, fundador de Saatchi&Saatchi, la mayor agencia de publicidad del mundo en los años ochenta, y de la prestigiosa Saatchi Gallery– que era de izquierdas. Ello no le impidió crear en 1978 la famosa campaña «Labour Isn't Working», que llevó a Margaret Thatcher, dirigente del partido conservador británico, al poder. Cuentan que a los críticos les respondía con cinismo: «¿Acaso hace falta que me guste la leche para poder venderla?».[2]

No necesariamente. A veces, consumir un producto concreto puede ser justo el problema para plantearse un no. Yo misma trabajé para una marca de tabaco –que es la gran línea roja para la mayoría de los diseñadores–. También

1. Zachary Petit, «Choosing Clients is the Single Biggest Decision a Designer Can Make. Here's How to Do it Right». Fast Company, 7 de junio de 2023. https://www.fastcompany.com/90886843/choosing-clients-is-the-single-biggest-decision-a-designer-can-make-heres-how-to-do-it-right

2. Future London Academy, «Stefan Sagmeister: Be Smart and DON'T Grow Your Agency». Entrevista de Ekaterina Solomeina a Stefan Sagmeister, 30 de mayo de 2024. https://www.youtube.com/watch?v=SDqgo_BHIsQ

era mi línea roja, pero un día me la salté. Una marca de tabaco llamó a mi puerta el año en el que empecé a trabajar por mi cuenta y no tenía clientes. Era un *pitch* remunerado que tenía que someterse al veredicto final de un *focus group*. Una ilustración para una agencia de publicidad en la que me podía explayar sin tener que ser explícita ni enseñar el producto. Me dolió aceptar el proyecto por los motivos obvios y porque a mi tía Anna –la que me regaló la nevera–, a la que quería con locura, le acababan de detectar un cáncer terminal cuya causa directa era el tabaco. Además, yo misma, aun viendo lo que le pasaba a ella y a pesar de padecer un asma por el que había estado hospitalizada, seguía tan feliz fumando como un carretero. Un cuadro. Fue una experiencia humillante que me sirvió para abrirme camino durante ese difícil primer año.

Es este un tema que muy pocos reconocen y que apenas se comenta por miedo al rechazo. El *pitch* lo perdí, pero cobré las cuatro perras de la propuesta, de modo que al final todo salió más o menos bien para mi miserable conciencia. No sé por qué lo perdí: años más tarde me lo encontré de casualidad en un estanco de delante de casa fielmente calcado para anunciar otra marca de tabaco. Pensé que me lo merecía por burra, tonta e idiota, y no hice nada. Si me hubiera sucedido hoy, no lo hubiera dejado pasar.

Cuando trabajas para una empresa, la cosa se complica un poco más. Tu vida pende cada mes delicadamente de un solo hilo. Encuentro por internet a un anónimo que habla de otro dilema interesante y común entre diseñadores que trabajan vinculados a grandes estudios o agencias de publicidad: «Uno de nuestros clientes es un sitio web de apuestas deportivas. Hace poco, en una reunión nos pidieron que les ayudásemos con una nueva estrategia. En esencia, implicaba reorientar el público objetivo hacia las personas con los ingresos más bajos y que tienen más probabilidades de perder (en un estudio reciente hemos confirmado que es este segmento el que proporciona más beneficios al cliente en cuestión). Expresé mis dudas sobre esa estrategia, pero en el trabajo se esquivó el tema y, al final, me asignaron la tarea a mí. Y ahora me siento muy mal por tener que hacerla yo». El anónimo exponía la situación porque tenía miedo de que lo echasen si se negaba en redondo a hacerla. Al final, animado por los comentarios a la publicación, se armó de valor y logró que le asignasen otro proyecto de la misma empresa. Entre tanto, la campaña siguió adelante, implacable.

Debo confesar que hace años descubrí otros caminos, más estrambóticos y difíciles –por no decir imposibles– de transitar. Cuando estudiaba, el profesor de Narrativas Visuales –que no era diseñador, procedía del elevado mundo del arte– nos mandó que hiciéramos la identidad para una librería nazi. Acertado o no, lo hacía, dijo, para ponernos contra la pared, para provocarnos y prepararnos para la cruda realidad fuera del idílico mundo universitario. A mi grupo le pareció que lo más sensato era darle la vuelta al encargo. Quizá haciendo que el proyecto implosionase. No lo recuerdo con exactitud. No obstante, cuando llegó a mis manos el logotipo del Colegio Episcopal de Lleida, recordé enseguida aquel proyecto de clase. El logotipo dibuja un icono totalmente ambiguo de una virgen que también, según cómo lo mires, se puede interpretar –sin mucho esfuerzo– como una vagina. De todos los órganos, justo ese. El arte de las imágenes ambiguas, estudiadas en profundidad desde la psicología de la Gestalt, es un arte complicado. Quizá fue una *vendetta* personal del diseñador vete tú a saber por qué. O quizá fue un accidente fortuito. Fuera como fuera, es fuerte. Al fin y al cabo, la realidad es que estamos rodeados de toda clase de demonios, y el peor de todos puede ser el que llevamos dentro.

10. El miedo

Una tarde fría de hace unas primaveras, el diseñador Eloi Gimeno (*Hellsinki, Libro, Vegue*) y yo paseábamos con mi hijo, que todavía iba en cochecito, por las calles estrechas del Jordaan, en Ámsterdam. Nos estábamos quejando de no sé qué cuando se paró delante de una iglesia. Era la iglesia de la agencia KesselsKramer (I Amsterdam, Diesel, *Failed it!*). Recuerdo que llamó a la puerta y salió alguien que fue enseguida a avisar a Erik Kessels. Recuerdo que este bajó de inmediato y se abrazaron, que fue muy afable, que hizo que nos sentáramos, que nos dio agua, que mi hijo se despertó, que Kessels estuvo un buen rato hablando con Eloi, que mi hijo y yo curioseamos un poco –muy poquito– por la iglesia con la excusa de que quería bajarse de la sillita y que después él mismo nos enseñó su agencia/taller/laboratorio/iglesia. Recuerdo que Eloi sostenía la teoría de que Erik Kessels iba cada día al trabajo por un camino distinto. No sé si es verdad o no. Ese día debió de ser una de las últimas veces que se vieron, antes de que Eloi decidiera dejar este mundo y yo acabara de hundirme en las profundidades del invierno más duro en Ámsterdam.

Antes de marcharnos, Kessels nos regaló, muy amablemente, un número de la revista anual *Useful Photography*, un ensayo en imágenes sobre papel vertebrado por una gran cantidad de fotografías *amateurs*.[1] La revista tiene un efecto arrollador similar al de la película *Koyaanisqatsi*, pero en un tono teñido de ironía y sarcasmo. En otro número, se recopilan imágenes cursis para desear buenos días, de esas que mucha gente envía en los grupos de WhatsApp –ni os imagináis cómo puede llegar a repetirse la misma imagen hasta la extenuación sin ser la misma–. Otro recopila cantidad de selfies absurdos de penes en erección midiéndose junto a teclados, mandos a distan-

1. Erik Kessels, *Useful Photography* (en línea). De 2009 a hoy. https://www.erikkessels.com/useful-photography-1

cia, ratones y otros objetos cotidianos. En otro se recogen fotografías que muestran el antes y el después de algo, como mejoras estéticas de una persona o de un animal doméstico. Todas *amateurs*, todas bestiales, todas delirantes. Y todas reales, para exasperación de la propia realidad.

Precisamente, el gran problema que tiene la publicidad, así en general, es con la realidad. No es ningún secreto. Y uno de los problemas de los diseñadores y de los creativos radica en saber qué grado de realidad pueden explicar o replicar del producto sin que el cliente se ponga a la defensiva y los despida por herejes –muchos clientes viven los valores de sus marcas como si fueran auténticas sectas y no permiten el más mínimo cambio de ruta, la más mínima vacilación o cuestionamiento–. La servidumbre, causada por el propio capitalismo y por la avaricia de las grandes agencias de publicidad –pero, ojo, también nuestra cuestionable habilidad para vender ideas–, implica que las soluciones que surjan sean a menudo tirando a infantiloides. Es un miedo que, en la misma publicidad, se transmite y se subraya igual que lo hacen las propias campañas. Esa debilidad acaba por vestir cada día nuestras calles y lo recubre todo. Basta con salir a pasear un rato para que un rumor profundo y suave os susurre al oído que sois unos imbéciles.

Así y todo, hay diseñadores que tienen un don natural para adecuarse perfectamente a la realidad con una vivacidad absoluta. «El buen trabajo tiene que reflejar la realidad, y la realidad es perfectamente imperfecta», piensan en KesselsKramer.[1] Por ejemplo, uno de los primeros clientes que se acercó a la agencia, en el año 1996, fue un hotel. Era un hotel bastante cutre, pero con una situación magnífica en el centro de Ámsterdam. Decidieron anunciarlo tal cual, como «The Worst Hotel in the World» –«¡Venid, venid al peor hotel del mundo! ¡Tenemos habitaciones sin ventanas, con ruido en el centro de Ámsterdam!»–.[2] Así, gracias a una comunicación directa y franca, el hotel alcanzó un prestigio internacional sin precedentes y sus campañas publicitarias, alejadas de convencionalismos, conectaron de maravilla con su público objetivo, mochileros que valo-

1. https://www.kesselskramer.com/belief#10-salute-flaws y https://www.youtube.com/watch?v=97ZmY0z3My0

2. KesselsKramer, *The Worst Hotel in the World: The Hans Brinker Budget Hotel Amsterdam*, 2009. https://www.kesselskramer.com/project/hans-brinker-budget-hotel

ran la autenticidad y el tono provocador que lo diferencia de la hostelería tradicional.

Los diseñadores no destacamos precisamente por nuestra dialéctica formidable y para llegar lejos hay que tener fluidez de palabra. No deja de ser paradójico que, conociendo tan bien el arte de la comunicación, en cambio, nos cueste tanto transmitir nuestras ideas sin que el cliente huya corriendo como alma que lleva el diablo. Muchos clientes elegirían los beneficios de ir por la ruta menos transitada si fuéramos capaces de convencerlos y rebatirles con una buena estrategia. Es necesario tener, aparte de una pizca de valentía, el don del cuerpo a cuerpo. Don que tenemos que aprender en la calle, porque muchos no lo traemos de serie. Es otra de las carencias del sistema educativo. Nos criamos dentro de una burbuja, como si fuéramos a acabar trabajando para un cliente que apenas nos lleva la contraria. Un cliente un tanto pasivo y apático. Y la realidad no puede ser más opuesta a eso. El resultado es que nos cuesta horrores defender nuestras ideas.

Los diseñadores trabajamos con la tradición del artesano, la sensibilidad del artista, la precisión del ingeniero, el escepticismo del científico, la astucia del estratega. En general, tenemos el don de saber desviarnos de los caminos trillados y previsibles de los estudios de mercado. Por eso formamos parte de la clase creativa de este mundo y por eso, en general, pensamos, de un modo peculiar, con todo lo que ello comporta. Todos somos un poco TDAH o un poco autistas, o un poco TOC, o un poco angustiados –psicólogos y psiquiatras hacen el agosto con nosotros–. El propio John Maeda, que tiene dislexia, cuenta: «Cuando era adolescente, intenté entrar a hacer prácticas en Microsoft, pero fallé en las reglas de precedencia de operadores en el lenguaje de programación C, que determinan el orden en el que se deben ejecutar las operaciones de una expresión. Le dije al entrevistador que era capaz de escribir tan rápido como para obtener la combinación correcta a tiempo (pero nunca a la primera, siempre tenía que hacerlo de manera iterativa), conque aquello no supondría ningún problema. Por descontado, no me creyó. Entonces no existía la palabra "dislexia" para explicar con más propiedad la predisposición de mi cerebro a invertir secuencias de objetos».[1] Maeda

1. Wade Tyler Millward, «Microsoft Hires Former Everbridge, Publicis Sapient Exec For AI, Design Role». CRN: Technology News For IT Channel Partners and Solution, 5 de di-

es ahora vicepresidente de diseño e inteligencia artificial en Microsoft. Los diseñadores juegan dentro del sistema, pero respiran fuera, porque los límites rígidos los ahogan. Y mejor así, porque el sistema no alimenta la creatividad, más bien la apaga.

El miedo es la más letal de las emociones a la hora de diseñar. Te agarrotas y te cuesta tomar decisiones definitivas. Yo, por ejemplo, tengo una habilidad especial para boicotearme. Sobre todo en la recta final. Beth, mi psicóloga, me dijo que es un clásico: es el miedo, que asoma la cabeza y hace de las suyas, justo antes de poner el punto final. A veces, el miedo, cuando se acerca el momento de terminar, es tan fuerte que desearías no haber empezado nunca. ¿En qué momento se me ocurrió que podría hacerlo? La primera vez que me pasó fue en la universidad. Estaba tan convencida de que mi caso no tenía remedio que me planteé muy en serio desistir. Cada noche, cuando me acostaba, me rondaba esa idea por la cabeza. Y al final resulta que he sabido desenvolverme infinitamente mejor en el mundo laboral que en el

---

ciembre de 2022. https://www.crn.com/news/cloud/microsoft-hires-former-everbridge-publicis-sapient-exec-for-ai-design-role?utm_source=chatgpt.com

académico. No conviene creerse del todo nada de uno mismo, aún menos en relación con lo que eres capaz o no de hacer. Todavía pienso a menudo que sin ese boicot no conseguiría arañar nada. Así de brutal es el delirio creativo. Es una piedra en el zapato. Te paraliza. Punto muerto. Pasa a veces. Y no puedes hacer nada. Es el peor momento de todos. Y no sé cómo se puede evitar. De ahí solo puedes salir con vida cuando aceptas, a regañadientes, que el diseño es también caprichoso y subjetivo. De repente, dejas ir.

Índice

Nuevos cuadernos Anagrama

1. **Claudio Magris,** El secreto y no
2. **Rafael Chirbes,** El año que nevó en Valencia
3. **Emmanuel Carrère,** Calais
4. **Marina Garcés,** Nueva ilustración radical
5. **Marina Garcés,** Nova il·lustració radical
6. **Jordi Amat,** La conjura de los irresponsables
7. **Jordi Amat,** La confabulació dels irresponsables
8. **Michel Houellebecq,** En presencia de Schopenhauer
9. **David Trueba,** La tiranía sin tiranos
10. **Jordi Gracia,** Contra la izquierda. Para seguir siendo de izquierdas en el siglo XXI
11. **Slavoj Žižek,** La vigencia de «El manifiesto comunista»
12. **Marta Sanz,** Monstruas y centauras. Nuevos lenguajes del feminismo
13. **Santiago Gerchunoff,** Ironía On. Una defensa de la conversación pública de masas
14. **Sara Mesa,** Silencio administrativo. La pobreza en el laberinto burocrático
15. **Albert Lladó,** La mirada lúcida. El periodismo más allá de la opinión y la información
16. **Albert Lladó,** La mirada lúcida. El periodisme més enllà de l'opinió i la informació

17. **Manuel Arias Maldonado,** (Fe)Male Gaze. El contrato sexual en el siglo XXI

18. **Vicente Molina Foix,** Kubrick en casa

19. **Sandro Veronesi,** Salvar vidas en el Mediterráneo. Un panfleto íntimo contra el racismo

20. **Lucía Lijtmaer,** Ofendiditos. Sobre la criminalización de la protesta

21. **Cristina Fallarás,** Ahora contamos nosotras. #Cuéntalo: una memoria colectiva de la violencia

22. **Martín Caparrós,** Ahorita. Apuntes sobre el fin de la Era del Fuego

23. **Román Gubern,** Un cinéfilo en el Vaticano

24. **Jordi Ibáñez Fanés,** Morir o no morir. Un dilema moderno

25. **Slavoj Žižek,** Pandemia. La covid-19 estremece al mundo

26. **Slavoj Žižek,** Pandèmia. La covid-19 trasbalsa el món

27. **Billy Bragg,** Las tres dimensiones de la libertad

28. **Clément Rosset,** El lugar del paraíso. Tres estudios

29. **Paul B. Preciado,** Yo soy el monstruo que os habla. Informe para una academia de psicoanalistas

30. **Miguel Ángel Hernández,** El don de la siesta. Notas sobre el cuerpo, la casa y el tiempo

31. **Pablo Nacach,** Amor maestro. Instrucciones de uso

32. **David Trueba,** Ganarse la vida. Una celebración

33. **Roberto Calasso,** Cómo ordenar una biblioteca

34. **Roberto Calasso,** Com ordenar una biblioteca

35. **Salvador Macip,** Lecciones de una pandemia. Ideas para enfrentarse a los retos de salud planetaria
36. **Salvador Macip,** Lliçons d'una pandèmia. Idees per fer front als reptes de salut planetària
37. **Leila Guerriero,** La otra guerra. Una historia del cementerio argentino en las islas Malvinas
38. **Alessandro Baricco,** Lo que estábamos buscando. 33 fragmentos
39. **Andreu Navarra,** Prohibido aprender. Un recorrido por las leyes de educación de la democracia
40. **Rebecca Tamás,** Extraños. Ensayos sobre lo humano y lo no humano
41. **Rebecca Tamás**, Estranys. Escrits sobre l'humà i el no-humà
42. **Benjamín Labatut**. La piedra de la locura
43. **Marta D. Riezu,** La moda justa. Una invitación a vestir con ética
44. **Kiko Amat,** Los enemigos. O cómo sobrevivir al odio y aprovechar la enemistad
45. **Luisgé Martín,** ¿Soy yo normal? Filias y parafilias sexuales
46. **Eloy Fernández Porta,** Los brotes negros
47. **Cristina Sánchez-Andrade,** Fámulas
48. **Ian McEwan,** El espacio de la imaginación. El ensayo de George Orwell «En el vientre de la ballena»
49. **Ian McEwan,** L'espai de la imaginació. Sobre l'assaig d'Orwell «Dins la balena»

50. **Natalia Carrillo y Pau Luque,** Hipocondría moral
51. **Alexis Racionero Ragué,** Ecotopía. Una utopía de la Tierra
52. **Justo Navarro y José María Pérez Zúñiga,** La carta robada. El caso del posfranquismo democrático
53. **Carlos A. Scolari,** La guerra de las plataformas. Del papiro al metaverso
54. **Gonzalo Torné,** La cancelación y sus enemigos
55. **Luis Costa,** Dance usted. Asuntos de baile
56. **Esteban Feune de Colombi,** Limbos terrestres. Mi vida en El Bruc
57. **Daniel Cassany**, Metáforas sospechosas. Charlas mestizas sobre la escritura
58. **Roberto Calasso**, Memè Scianca
59. **Alessandro Baricco**, La vía de la narración
60. **Azahara Palomeque**, Vivir peor que nuestros padres
61. **Karl Ove Knausgård**, La importancia de la novela
62. **Ignasi Gozalo Salellas**, L'excepcionalitat permanent. Els nostres estats d'excepció
63. **Ignasi Gozalo Salellas**, La excepcionalidad permanente. Nuestros estados de excepción
64. **Thomas Piketty**, Naturaleza, cultura y desigualdades. Una perspectiva comparada e histórica
65. **Marina Garcés**, El temps de la promesa
66. **Marina Garcés**, El tiempo de la promesa

67. **Clara Serra**, El sentido de consentir
68. **Anna Pacheco**, Estuve aquí y me acordé de nosotros. Una historia sobre turismo, trabajo y clase
69. **Javier Montes**, La radio puesta
70. **Sara Berbel Sánchez y Bernat Castany Prado**, Obedecedario patriarcal. Estrategias para la desobediencia
71. **Margarita García Robayo**, El afuera
72. **Lluís Calvo**, El segrest de la política. Per una democràcia més enllà dels partits tradicionals
73. **Daniel Rico**, ¿Quién teme a Francisco Franco? Memoria, patrimonio, democracia
74. **Mariano Peyrou**, Free jazz. La música más negra del mundo
75. **Mercè Ibarz**, No pensis, mira. Davant de l'obra d'art
76. **Mercè Ibarz**, No pienses, mira. Ante la obra de arte
77. **Louisa Yousfi**, Seguir siendo bárbaro
78. **Leila Guerriero**, La dificultad del fantasma. Truman Capote en la Costa Brava
79. **Michel Nieva**, Ciencia ficción capitalista. Cómo los multimillonarios nos salvarán del fin del mundo
80. **Jon Lee Anderson**, Aventuras de un joven vagabundo por los muelles
81. **Patrick Boucheron**, El tiempo que nos queda
82. **Santiago Gerchunoff**, Un detalle siniestro en el uso de la palabra fascismo
83. **Andrea Rizzi**, La era de la revancha

84. **Vicente Monroy**, Breve historia de la oscuridad. Una defensa de las salas de cine en la era del *streaming*

85. **Josefa Sánchez Contreras**, Despojos racistas. Hacia un ecologismo anticolonial.

86. **Gabriel Ventura**, El millor dels mons impossibles. Un viatge al multivers del *reality shifting*

87. **Gabriel Ventura**, El mejor de los mundos imposibles. Un viaje al multiverso del *reality shifting*

88. **Marta Cerdà**, Sobreviure al disseny. Context, memòria i temps

89. **Marta Cerdà**, Sobrevivir al diseño. Contexto, memoria y tiempo

90. **Xan López**, El fin de la paciencia. Un ensayo sobre política climática

91. **Isabella Hammad**, Reconocer al extraño. Sobre Palestina y el relato

92. **David López Canales**, ¿Una rayita? Por qué en España se consume tanta cocaína y no se habla de ello

93. **Jaume Subirana**, Literatura, llengua i lloc. Termodinàmica aplicada

94. **Jaume Subirana**, Literatura, lengua y lugar. Termodinámica aplicada

95. **Leila Méndez**, Disparos contados. Fotografiar con actitud analógica en la era de la inmediatez

96. **Julian Barnes**, Mis cambios de opinión

97. **David Trueba**, Mi 69

98. **Lea Ypi**, Fronteras de clase. Desigualdad, migración y ciudadanía en el Estado capitalista
99. **Noelia Ramírez**, Nadie me esperaba aquí. Apuntes sobre el desclasamiento

Impreso en Talleres Gráficos
LIBERDÚPLEX, S. L. U.,
ctra. BV 2249, km 7,4 - Polígono Torrentfondo
08791 Sant Llorenç d'Hortons